A REFORMA DA JUSTIÇA NA EMENDA CONSTITUCIONAL 45/2004

Áurea Pimentel Pereira

Desembargadora. Membro do Conselho de Vitaliciamento e do Forum Permanente para Formação e Aperfeiçoamento do Magistrado, do Tribunal de Justiça do Estado do Rio de Janeiro

A REFORMA DA JUSTIÇA NA EMENDA CONSTITUCIONAL 45/2004

RENOVAR

Rio de Janeiro • São Paulo • Recife

2006

LIVRARIA E EDITORA RENOVAR LTDA.
MATRIZ: Rua da Assembléia, 10/2.421 - Centro - RJ
CEP: 20011-901 - Tel.: (21) 2531-2205 - Fax: (21) 2531-2135
FILIAL RJ: Tels.: (21) 2589-1863 / 2580-8596 - Fax: (21) 2589-1962
FILIAL SP: Tel.: (11) 3104-9951 - Fax: (11) 3105-0359
FILIAL PE: Tel.: (81) 3223-4988 - Fax: (81) 3223-1176

LIVRARIA CENTRO (RJ): Tels.: (21) 2531-1316 / 2531-1338 - Fax: (21) 2531-1873
LIVRARIA IPANEMA (RJ): Tel: (21) 2287-4080 - Fax: (21) 2287-4888

www.editorarenovar.com.br **renovar@editorarenovar.com.br**
SAC: 0800-221863

Revisão Tipográfica: Maria Cristina Lopes

Capa: PH Design

Editoração Eletrônica: TopTextos Edições Gráficas Ltda.

Nº 0088

CIP-Brasil. Catalogação-na-fonte
Sindicato Nacional dos Editores de Livros, RJ.

P143r Pereira, Áurea Pimentel
A reforma da justiça na Emenda Constitucional 45/2004 / Áurea Pimentel Pereira. — Rio de Janeiro: Renovar, 2006.
184p. ; 21cm.

Inclui bibliografia.

ISBN 85-7147-572-5

1. Direito processual civil — Brasil. I. Título.

CDD 346.81096

Impresso no Brasil
Printed in Brazil

Prefácio

No berço das antigas civilizações, quando dominava o mundo, o absolutismo, o poder do Estado era exercido por uma única pessoa, que tinha a tríplice missão de legislar, administrar e aplicar as leis através dos julgamentos.

Os primeiros juízes, aos quais foi conferida a missão de julgar, a exerceram como um braço do Príncipe.

O Judiciário só veio a ser concebido como Poder, a partir do pensamento iluminado de *Montesquieu*, com raízes na teoria da tripartição dos Poderes, por ele enunciada em sua obra clássica *L'Esprit Des Lois*.

No Brasil, a primeira Carta Política (Constituição do Império de 1824), reconheceu o Judiciário como Poder autônomo, consagrando o princípio da divisão dos Poderes, concebendo, porém, ao lado dos Poderes Executivo, Legislativo e Judiciário, a existência de um quarto Poder, que denominou de Poder Moderador, exercido pelo Imperador.

As Constituições seguintes (1891, 1934, 1937, 1946, 1967, 1969, 1988) — a exceção da de 1937, editada na vigência de regime autoritário — consagraram, igualmente, o princípio da tripartição dos Poderes, proclamando-os independentes, autônomos e harmônicos entre si.

No período de desordem política, que perdurou enquanto submetido foi o país a regime ditatorial, tiveram os membros do Poder Judiciário o exercício de suas garantias constitucionais suspenso, violência que, lembre-se, foi consumada com a edição do Ato Institucional nº 05.

A Carta de 1988, teve o talento de restaurar no país o Estado Democrático de Direito e com ele os direitos e garantias anteriormente suspensos.

Promulgada que foi dita Carta, em 05-10-1988, a partir de então, passou ela, porém, a ser desfigurada de seu modelo original, vindo a ser transformada em verdadeira "colcha de retalhos", por força das sucessivas emendas que foram introduzidas em seu texto, algumas delas casuisticamente aprovadas, para conciliá-la com os sucessivos e fracassados planos econômicos editados no país.

As agressões feitas à Carta Política de 1988, foram mais nítidas nas Emendas Constitucionais 20/98 e 41/03, ocorrendo quando desrespeitado foi direito adquirido, consolidado na vigência da ordem constitucional anterior; restringidos foram direitos previdenciários, com o estabelecimento de critérios desumanos para concessão de aposentação, cálculo de proventos e pensões, tudo adredemente aprovado para garantir o equilíbrio das contas da Nação, com traição aos princípios do pacto social, originariamente estabelecido entre o Estado e o povo, no terreno dos direitos sociais.

A E.C. 45/2004, finalmente aprovada pelo Congresso Nacional, após mais de uma década de discussões, foi editada, pelo legislador constituinte derivado, com o propósito de reformar o Poder Judiciário, de modo a garantir à sociedade uma Justiça mais rápida.

Foi, portanto, com esse objetivo, que no corpo da E.C. 45/2004 introduzidas foram novas regras de competência para os Tribunais Superiores, ao lado de normas programáticas que, imaginou-se, seriam capazes de garantir maior celeridade à prestação jurisdicional, celeridade essa que, contudo, logo se vê, a E.C.45/2004, por si só, não terá o talento de assegurar.

É que, a solução do problema da morosidade da Justiça, depende de fatores diversos, que passam pela necessidade de uma reformulação mais completa da legislação processual, de modo a garantir rapidez à tramitação dos processos e a instituição de um sistema de divisão de trabalho mais humano para os juízes, que, atualmente, em número insuficiente no país, encontram-se assoberbados de serviço, para atender à enorme demanda dos que recorrem à Justiça, para a restauração de direitos violados.

A proposta do legislador constituinte derivado, feita na E.C. 45/2004, de introduzir na Carta Magna disposições que, na sua visão, seriam capazes de assegurar maior celeridade na distribuição da Justiça, é, em princípio, merecedora de aplausos.

Severa crítica, porém, deve ser feita à Emenda, quando instituiu, para o Poder Judiciário — e só para este Poder, frise-se — um órgão de controle (Conselho Nacional de Justiça), que tendo em sua composição, ao lado de magistrados, pessoas estranhas ao referido Poder, desconsidera o princípio da tripartição dos Poderes, na Carta Magna consagrado, anotando-se que constituiu, ademais, absoluta atecnia, incluí-lo no artigo 92 da C.F., dentre os órgãos integrantes do Poder Judiciário.

É que difícil é conceber-se, como órgão do Poder Judiciário, um Conselho ao qual o texto constitucional não concedeu — e nem isso seria possível — função jurisdicional, sabidamente missão precípua ao Judiciário atribuída (artigo 5°, XXXV), tão somente conferindo-lhe o encargo do controle da atuação administrativa e financeira do Poder Judiciário e dos atos dos magistrados, relacionados com o cumprimento dos seus deveres funcionais (artigo 103-B, § 4° da C.F. de 1988) — redação dada pelo artigo 2° da E.C. 45/2004.

Assim não entendeu, porém, o Colendo Supremo Tribunal Federal, que chamado a examinar a matéria, proclamou a constitucionalidade da norma da E.C. 45/2004, que criou o Conselho Nacional de Justiça com tal composição.

A questão constitucional, reconhece-se, a essa altura, encontra-se definitivamente decidida.

A grandeza da matéria justifica, nada obstante, o registro dessas breves reflexões, que a Autora optou por fazer neste Prefácio, para que despertem as consciências, no sentido da absoluta necessidade de se preservar no país, a existência de um Poder Judiciário forte e independente, o que é sumamente importante para as instituições no Estado Democrático de Direito.

Áurea Pimentel Pereira

Apresentação

Após mais de dez anos de discussão, veio à lume a tão anunciada e esperada reforma do Judiciário. Foi um parto da montanha; muito barulho e pouco resultado. Se a verdadeira finalidade dessa reforma, conforme amplamente divulgado, era proporcionar à sociedade uma Justiça mais rápida, pouco será alcançado nesse sentido com as tímidas mudanças por ela trazidas. Os tribunais do país, que aguardaram esperançosos a reforma, perderam tempo precioso; hoje se encontram sufocados por milhões de processos no primeiro e segundo graus, com a máquina administrativa emperrada e, pior que tudo, continuarão sem os recursos legais, econômicos e administrativos indispensáveis para fazerem a verdadeira reforma.

Bem andou o Tribunal de Justiça do Estado do Rio de Janeiro quando, há cerca de dez anos, compreendeu que a verdadeira reforma do Judiciário não era de Constituição mas sim de gestão e começou ali a sua silenciosa reforma. Criou um sistema integrado de gestão, plano estratégico de ação, políticas administrativas continuadas, indicadores de desempenho, fonte própria de custeio de suas despesas de manutenção e de investimento, programa eficiente de informatização de toda a atividade judiciária e administrativa. Hoje podemos apresentar, com certa dose de orgulho, resultados positivos. No ano 2000, o Tribunal de Justiça do Rio de Janeiro recebeu 56.757 recursos e julgou 50.501 (89%); em 2005, cinco anos após, recebeu 115.388 recursos e julgou, com o mesmo número de desembargadores, 111.531 (97%). Os recursos que chegam ao Tribunal são distribuídos às suas Câmaras Cíveis e Criminais em tempo real (não há retenção) e são julgados no prazo médio de 122 dias.

O número de recursos mais do que dobrou em cinco anos porque houve também expressiva melhoria na prestação jurisdicional da primeira instância, não só em razão da sua total informatização, mas também pela construção de novos foros e instalações. Em 2003, a primeira instância recebeu 1.089.179 processos e julgou 691.996 (64%); em 2005, recebeu 1.178.697 e julgou 900.233 (76%). Nos Juizados Especiais Cíveis, nos quais em 2005 entraram 355.782 novas ações, julgou-se 405.461 (114%). Vale dizer, estamos diminuindo o acervo.

Não obstante a frustração causada pela tão esperada reforma, não podemos simplesmente ignorá-la. Pelo contrário, temos que aproveitar os seus pontos positivos, conciliar os seus temas polêmicos e pugnar pela regulamentação das suas normas programáticas, de modo a permitir o seu melhor aproveitamento em favor da Justiça.

Essa é a tarefa a que se propõe a autora desta obra, a renomada Desembargadora Áurea Pimentel Pereira, da qual se desincumbiu com maestria. Em cada capítulo da obra, são destacadas e enfrentadas, com objetividade e concisão, as questões polêmicas decorrentes da reforma. Assim, e. g., a questão das Convenções e Tratados Internacionais sobre Direitos Humanos especialmente quanto aos que devam merecer tratamento equivalente ao das emendas constitucionais; a garantia da razoável duração do processo, que só será alcançada com a aprovação dos projetos de reforma da legislação processual; o sigilo e a publicidade nos julgamentos: direito à intimidade e o interesse público; eleição da metade do Órgão Especial; competência da Justiça do Trabalho para julgar ações de indenização por dano moral ou patrimonial decorrentes de relação de trabalho; súmula vinculante etc.

Acerca do Conselho Nacional de Justiça, ainda a questão mais polêmica, a autora mantém o seu entendimento contrário a um órgão do Poder Judiciário que tem, em sua composição, pessoas absolutamente estranhas à magistratura. Contudo, afastado que foi pelo STF o vício da inconstitucionalidade da sua constituição, cabe agora à Suprema Corte estabelecer com urgência os limites da competência normativa desse Conselho.

Essa, na verdade, é a questão nodal a ser enfrentada, e não o infundado temor de eventual controle da consciência do juiz ou das suas decisões. Como temos sustentado, e a experiência demonstra, nenhum controle externo, qualquer que seja a sua composição, conseguirá afastar o Judiciário da sua sagrada missão de guardião da Justiça. Isso é tão impossível quanto cobrir o sol ou apagar as estrelas. Passada a tempestade, dissolvidas as nuvens, o sol e as estrelas voltam a brilhar com pleno esplendor. Assim também a Justiça: ninguém consegue controlar a consciência do verdadeiro juiz na hora de julgar, nem isso seria permitido pela sociedade. Quem tem fome e sede de Justiça, e essa é a maior necessidade da sociedade, não aceita ser julgado por juízes dependentes, juízes subordinados, juízes controlados ou serviçais dos outros Poderes.

Outras medidas determinadas pela reforma já tinham sido implantadas pelo Tribunal de Justiça do Rio de Janeiro, como, por exemplo, a extinção dos Tribunais de Alçada, efetivada há 09 anos; distribuição imediata dos processos em todos os graus de jurisdição; destinação das custas e emolumentos para o custeio dos serviços afetos às atividades específicas da Justiça; freqüência a cursos oficiais como critério de aferição do merecimento do magistrado; curso de preparação, aperfeiçoamento e promoção de magistrados, o que há anos vem sendo feito pela EMERJ; processo de vitaliciamento de magistrados, para o qual a autora muito tem contribuído com a sua longa experiência, pois integra o Conselho de Vitaliciamento do TJRJ.

No que respeita à **atividade jurisdicional ininterrupta**, e a vedação das férias coletivas nos juízos e tribunais de segundo grau, merece registro que a medida foi altamente positiva. No Rio de Janeiro, onde não houve **recesso forense**, o Tribunal de Justiça julgou, em dezembro de 2005 e janeiro de 2006, 13.000 recursos a mais do que em idêntico período anterior, quando havia recesso; no primeiro grau, no mesmo período, foram julgadas 76.000 ações a mais do que no período anterior.

Não é a primeira vez que me é dada a honra de apresentar uma obra da autora. Esta, todavia, me é particularmente significativa por ter tido a oportunidade de fazer sucinto relatório da atuação do Tribunal que tenho a honra de presidir e para cuja grandeza a autora tanto contribuiu nos longos anos que o integrou.

Des. Sergio Cavalieri Filho
Presidente do TJRJ

Sumário

REFORMA DO PODER JUDICIÁRIO. TERMOS EM QUE FOI CONCEBIDA PELA EMENDA CONSTITUCIONAL 45/2004. CONSIDERAÇÕES GERAIS.

A Emenda Constitucional 45/2004, promulgada em 08-12-2004, após mais de uma década de estudos e discussões no Congresso Nacional, foi editada com o propósito de realizar reforma no Poder Judiciário, de modo a proporcionar uma distribuição de Justiça mais rápida.

Dita Emenda, porém, não esgotou toda a matéria proposta, no projeto de reforma original, do que resultou terem sido, algumas questões — que têm enfoques muito importantes — devolvidas a exame em uma segunda fase de votação, sabidamente ainda não concluída.

A Emenda 45/2004, foi redigida em dez artigos, vendo-se que, no artigo 1°, alterados foram, pelo legislador constituinte derivado, diversos dispositivos da Carta Magna de 1988, e acrescentados outros, alguns deles verdadeiras novidades sobre as quais teceremos considerações mais adiante.

Assim, pelo artigo 1° da Emenda, ao artigo 5° da Constituição Federal, que trata dos direitos e deveres individuais e coletivos, sabidamente erigidos, no texto

Constitucional originário, em garantias fundamentais, acrescentados foram — além do inciso LXXVIII, que incluiu no elenco de tais direitos, a garantia, a todos assegurada, da celeridade na tramitação dos processos e sua razoável duração — mais dois parágrafos.

No primeiro deles, que passou a constituir o § 3º do artigo 5º, assegurou o legislador o mesmo tratamento, dispensado às Emendas Constitucionais, aos tratados e convenções internacionais, sobre direitos humanos, desde que tenham sido os mesmos aprovados, em cada Casa do Congresso Nacional, em dois turnos, por três quintos de seus membros. No parágrafo seguinte (§ 4º), declarada foi a submissão do Brasil à jurisdição do Tribunal Penal Internacional, ao qual haja manifestado a sua adesão.

Com o artigo 1º da Emenda, introduzidas foram, ainda, alterações a diversos outros artigos da Carta Política de 1988 e, acrescentados foram, ao texto constitucional, novas disposições a saber: a) alterou-se o artigo 36, III, passando-se a atribuir, agora, ao Supremo Tribunal Federal, a competência para conhecer dos pedidos de intervenção federal, em que se alegue recusa à execução de lei federal, conseqüentemente, declarando-se revogado o inciso IV do referido artigo, que anteriormente conferia, tal competência, ao Superior Tribunal de Justiça; b) no artigo 52, II, incluíram-se, no elenco das pessoas que, nos crimes de responsabilidade, devem ser processadas e julgadas pelo Senado Federal, os membros do Conselho Nacional de Justiça e do Conselho Nacional do Ministério Público; c) ao artigo 92, acrescentaram-se um inciso e dois parágrafos, para, respectivamente: integrar, no elenco dos Órgãos do Poder Judiciário, o Conselho Nacional de Justiça (inciso I-A); dispor sobre a sede do

Supremo Tribunal Federal, do Conselho Nacional de Justiça e dos Tribunais Superiores (§ 1°), fixando a jurisdição daqueles Tribunais (§ 2°); d) aos artigos 93 e 95, deu-se nova redação, para estabelecer critérios disciplinadores do ingresso na carreira da magistratura; promoção de seus juízes; imposição a estes de novas vedações; estabelecimento de regras para acesso aos tribunais, com a previsão do exercício da atividade jurisdicional, de modo a garantir uma distribuição de Justiça mais célere; e) dispôs-se nos artigos 98, 99 e 168, sobre custas, emolumentos e matéria orçamentária; f) introduziram-se alterações, ao artigo 102, que trata de matéria relacionada com a competência do Supremo Tribunal Federal; g) modificou-se o artigo 103, para alterar o elenco dos legitimados para ação direta de inconstitucionalidade e ação declaratória de constitucionalidade; h) alterou-se, nos artigos 104 e 105, a competência do Superior Tribunal de Justiça; i) incluíram-se, nos artigos 107 e 109, dispositivos sobre os Tribunais Regionais Federais e Juízes Federais; j) alteraram-se os artigos 111, 112, 114 e 115, que dispõem sobre o Tribunal Superior do Trabalho, Tribunais e Juízes do Trabalho e sua competência; l) ao artigo 125 e seus parágrafos, que tratam da Justiça Militar, foi dada nova redação; m) modificou-se o artigo 126, para prever a criação de Varas Especializadas, para dirimir conflitos fundiários; n) alteraram-se os artigos 127, 128 e 129, que dispõem sobre o Ministério Público; o) assegurou-se, no artigo 134, autonomia funcional e administrativa às Defensorias Públicas Estaduais.

Com o artigo 2° da E.C. 45/2004, acrescentados foram à Constituição Federal os seguintes dispositivos: artigo 103-A e seus parágrafos, que introduziram, no texto constitucional, a figura da Súmula Vinculante; 103-B, que criou o Conselho Nacional de Justiça; 111-A, que dispôs sobre o Tribunal Superior do Trabalho e criou o Conselho Superior da Justiça do Trabalho; 130-A, que instituiu o Conselho Nacional do Ministério Público.

Em seu artigo 3°, criou, a E.C. 45/2004, o Fundo de Garantia das Execuções Trabalhistas; no artigo 4° e seu parágrafo único foram extintos os Tribunais de Alçada, estabelecendo-se regras para a integração de seus membros aos Tribunais de Justiça dos Estados em que eles existirem; no artigo 5° e seus §§ 1° e 2°, estabeleceu a Emenda condições para a instalação do Conselho Nacional de Justiça e Conselho Nacional do Ministério Público; no artigo 6°, dispôs-se sobre a instalação do Conselho Superior da Justiça do Trabalho; no artigo 7°, previu-se a criação de uma comissão especial para a elaboração, no Congresso Nacional, de projetos de lei destinados a tornar a prestação jurisdicional mais célere; no artigo 8°, preconizou-se a necessidade de, as atuais súmulas do Supremo Tribunal Federal, serem submetidas a confirmação por dois terços dos membros daquele Tribunal, para que possam produzir efeito vinculante; no artigo 9°, declararam-se revogados: o inciso IV do artigo 36; a alínea h do inciso I do artigo 102; o § 4° do artigo 103 e os §§ 1°, 2° e 3° do artigo 111, finalmente, no artigo 10, fixada foi a data da vigência da Emenda na da sua publicação, feita no Órgão Oficial, que teve lugar em 31-12-2004.

Algumas das alterações, introduzidas à Carta Federal de 1988, pela E.C. 45/2004, foram, sem dúvida, oportunas. As que contém normas meramente programáticas, estão a desafiar a edição de leis complementares para sua efetivação; outras são merecedoras de críticas. Sobre todas elas discorreremos, a seguir, em capítulos distintos.

Por fim, oportuno é registrar que, como já assinalamos anteriormente, com a edição da E.C. 45/2004, a reforma do Poder Judiciário não resultou concluída, devolvidas que foram, a uma segunda fase, no Congresso Nacional, o exame das seguintes proposições: I) alteração do critério de escolha dos membros do Superior Tribunal de Justiça, originariamente previsto no artigo 104 da C.F., para estabelecer que, um terço das vagas daquele Tribunal, serão reservadas a Desembargadores dos Tribunais de Justiça, oriundos da magistratura de carreira; II) deferimento ao Tribunal Superior Eleitoral da iniciativa da elaboração da lista tríplice, para a escolha dos membros, originários da classe dos advogados, para a composição dos Tribunais Regionais Eleitorais (art. 120, III); III) alteração do número de membros do Superior Tribunal Militar que, por proposta da Câmara, seria reduzido de quinze para nove (art. 123); IV) ampliação do critério de escolha de juiz para promoção por merecimento, de modo a permitir que possam concorrer os que integrem a primeira metade da lista de antiguidade, não mais, apenas, os constantes da primeira quinta parte da lista (art. 93, II, b); V) proibição, expressa, do nepotismo, com a vedação de nomeação ou designação, para cargos em comissão ou funções gratificadas, de cônjuge, companheiro ou parente, até o segundo grau, inclusive, dos membros do Poder Judiciário; VI) limitação do direito ao foro especial, pelo magistrado, aos casos em que os atos, que hajam dado origem ao processo, tenham sido cometidos na função pública ou em decorrência dela (art.96, III); VII) inclusão, na competência do Superior Tribunal de Justiça, das ações populares e das ações civis públicas contra ato: de Ministro de Estado; do próprio Superior Tribunal de Justiça ou das Forças Armadas (art. 105, I); VIII) atribuição de competência à Justiça do Trabalho para a execução de multas, por infração à legislação trabalhista e decorrentes de tributos incidentes em condenações (vide art. 3º da E.C.45/2004); IX) proibição que integrem o Conselho Nacional de Justiça e o Conselho Nacional do Ministério Público, quem exerça atividade política ou tenha cargo público (arts. 103-B e 130-A); X) previsão de que a escolha para o cargo de Procurador-Geral da República, seja feita dentre membros do Ministério Público Federal, limitada a recondução a uma vez (art. 128, § 1º); XI) atribuição da denominação Procurador apenas aos membros do Ministério Público Federal, aos dos Estados conferindo-se a denominação Promotor; XII) criação da súmula impeditiva de recurso para o Superior Tribunal de Justiça e Tribunal Superior do Trabalho, que poderá ser pelos referidos Tribunais editada de ofício — por provocação, mediante aprovação de dois terços de seus membros — a respeito de matéria que tenha sido objeto de decisões repetidas, uniformes.

DIREITOS E GARANTIAS FUNDAMENTAIS. ELENCO DO ARTIGO 5º DA CONSTITUIÇÃO FEDERAL. ALTERAÇÕES INTRODUZIDAS PELA EMENDA CONSTITUCIONAL 45/2004. CONVENÇÕES E TRATADOS INTERNACIONAIS SOBRE DIREITOS HUMANOS: QUANDO SÃO MERECEDORES DE TRATAMENTO EQUIVALENTE AO DAS EMENDAS CONSTITUCIONAIS. SUBMISSÃO DO BRASIL AO TRIBUNAL PENAL INTERNACIONAL, AO QUAL TENHA MANIFESTADO ADESÃO.

Como já se registrou anteriormente, a E.C. 45/2004, alterou o artigo 5º da Constituição Federal, acrescentando-lhe mais um inciso (inciso LXXVIII) e dois parágrafos (§§ 3º e 4º).

No inciso LXXVIII, incluídos foram dentre os direitos e garantias fundamentais, que a todos devem ser assegurados: "a razoável duração do processo e os meios que garantam a celeridade de sua tramitação".

No § 3º, prometido foi, para os tratados e convenções internacionais sobre direitos humanos — desde que tenham sido aprovados em cada Casa do Congresso Nacional, em dois turnos, por três quintos dos votos de seus membros — o mesmo tratamento reservado às Emendas Constitucionais.

No § 4º, declarada foi a submissão do Brasil, à jurisdição do Tribunal Penal Internacional, a cuja criação tenha manifestado adesão.

Da primeira alteração, relacionada com a proposta de celeridade na prestação jurisdicional — que o legislador, no inciso LXXVIII do artigo 5º, houve por bem erigir em garantia fundamental — preferimos tratar, por nos ter parecido sede mais adequada, no capítulo dedicado aos julgamentos feitos pelos Órgãos do Poder Judiciário.

A propósito da segunda alteração, consubstanciada no acréscimo feito no § 3º ao artigo 5º da C.F., é importante tecer algumas considerações.

Na Carta Política de 1988, o legislador constituinte originário, em seguida ao longo elenco de direitos e deveres individuais e coletivos, que foram no artigo 5º, da referida Carta, enunciados, inseriu dispositivo (§ 2º), no qual deixou expresso que, o referido elenco, não excluía direitos e garantias outros, "decorrentes do regime e dos princípios por ela adotados, ou dos tratados internacionais, em que a República Federativa do Brasil seja parte".

Com essa declaração, cuidou o legislador de registrar, no texto constitucional, o respeito que tem o Brasil pelos direitos e garantias fundamentais, como consagrados desde as primeiras proclamações, que tiveram sentido universalizante, contidas na Declaração de Direitos de Virgínia (1776); na *Declaration des Droits de L'Homme et du Citoyen* (1789) e na Declaração Mundial dos

Direitos dos Homens, aprovada pela Assembléia Geral da ONU em 1948.

Na E.C. 45/2004, especialmente preocupado com o respeito que deve o Brasil aos tratados e convenções internacionais, relacionados com os direitos humanos, a que tenha aderido, o legislador constituinte derivado dispensou àqueles — se e quando aprovados, em cada Casa do Congresso Nacional, em dois turnos, por três quintos dos votos de seus membros — tratamento equivalente ao reservado às Emendas Constitucionais.

É evidente que, com tal previsão, não pretendeu o legislador, erigir tais tratados e convenções em verdadeiras Emendas Constitucionais, apenas tendo querido aos mesmos assegurar, como foi dito no texto do § 3º do artigo 5º, tratamento "equivalente", dessa forma, procurando deixar registrado que, ditos tratados e convenções, devem merecer respeito, como se integrantes fossem do próprio texto constitucional.

A previsão contida no § 3º do artigo 5º, no sentido de que os tratados e convenções internacionais sobre direitos humanos precisam de aprovação prévia, pelo Congresso Nacional, para que possam ter o mesmo valor de um texto constitucional, está, porém, a merecer reflexão.

É que, como observa José Affonso da Silva, em sua obra "Poder Constituinte e Poder Popular": "as normas definidoras de direitos e garantias individuais têm aplicação imediata", de tal circunstância resultando que: "no caso dos tratados de direitos humanos, têm estes vigência interna imediata, sem intermediação legislativa; ingressam na ordem jurídica nacional no nível das normas constitucionais, e, diretamente, criam situações jurídicas subjetivas, em favor dos brasileiros e estrangeiros residentes no país". (Obra citada, pgs. 195/196).

No que diz respeito à terceira alteração — declaração inserida no § 4º, acrescido ao artigo 5º da C.F. — que prevê a submissão do Brasil à jurisdição do Tribunal Penal Internacional, algumas considerações merecem ser feitas:

O Tribunal Penal Internacional, a que se refere o texto constitucional, constitui Corte que tem sua sede em Haia. Foi criado pelo Tratado de Roma de 1998, tendo sido finalmente instalado em 2003.

Compõe-se, o referido Tribunal, de dezoito Juízes, ao mesmo cabendo — como registra Fernando Whitaker, citando notícia publicada em 30-03-2003, pelo observador argentino Juan Castro Olivera, no Jornal *La Nacion* — "julgar indivíduos (o julgamento de Estados cabe à Corte Internacional de Justiça, composta de 15 magistrados), acusados de quatro tipos de crimes: lesa humanidade, genocídio, de guerra (o que nos remete, igualmente, à Convenção de Genebra) e de agressão, a partir de 01-07-2002, e não pode aplicar a pena de morte, só a de prisão perpétua, ou fixar a sanção em no máximo 30 anos". (Teologia e Política, pg.157)

Ao referido Tribunal, manifestou o Brasil, à época de sua instalação, plena adesão, tendo sido distinguido — com a escolha feita por ocasião da primeira sessão da Assembléia dos Países Membros do Tribunal Penal Internacional — da Dra. Sylvia Steiner, Desembargadora do Tribunal Federal de São Paulo, como um dos juízes daquela Corte. (*Apud* "Uma Juíza Brasileira no Tribunal Penal Internacional" — Tatyana Sheila Friedrich — Revista Consultor Jurídico 06/02/2003)

PODER JUDICIÁRIO. A MISSÃO DE JULGAR. QUEM ORIGINARIAMENTE A EXERCIA. O JUIZ E A FUNÇÃO JURISDICIONAL. O JUDICIÁRIO COMO UM DOS PODERES DA NAÇÃO. HISTÓRICO DE SUA CRIAÇÃO. TENTATIVAS ANTERIORES QUE OBJETIVARAM SUBMETER O PODER JUDICIÁRIO A UMA REFORMA. BREVES CONSIDERAÇÕES.

Nos primeiros tempos da história da humanidade, quando os poderes se encontravam concentrados em uma única pessoa, a missão de distribuir justiça era conferida ao Príncipe, que a exercia como um braço forte do Poder Executivo, ao mesmo tempo acumulando o poder de legislar.

Na Roma antiga, o poder de julgar — dependendo do valor e da natureza das causas em discussão — era exercida pelos reis e depois pelos cônsules, a estes últimos cabendo nomear os juízes, os quais, todavia, só podiam decidir questões de fato.

Não foi por outro motivo, senão em razão da limitação de poderes, que aos juízes era, então, imposta, que

Montesquieu, a eles se referiu, como: "*la bouche qui prononce les paroles de la loi, des êtres inanimés qui n'en peuvent modérer ni la force ni la rigueur*" (*L'Esprit des Lois* — Livro XI, Capítulo XVIII).

A missão, que era então aos juízes confiada, tinha limites angustos, na medida em que eram chamados simplesmente a *dizer a lei* que incidia no caso concreto. Deles o que se esperava eram as *virtudes passivas*, qualidades até hoje festejadas que, como lembra Cappelletti, traduzemse no comportamento e no processo, revestido sempre de imparcialidade, independência, neutralidade e eqüidistância dos interesses das partes e do tratamento destas na linha da mais absoluta igualdade, tudo, na verdade, guardando mais direta conotação com a natureza jurisdicional da atividade do juiz. (Mauro Cappellletti, *Il Potere Dei Giudici* pg. 70, tradução de René David).

A acumulação dos poderes, nas mãos dos príncipes, odiosa e despótica, fez nascer nos espíritos iluminados de Montesquieu e Locke a idéia de triparti-los e concebê-los para serem exercidos sob o sistema de "*checks and balances*", através do qual os limites de competência dos poderes fossem definidos, de modo que: "*le pouvoir arrêt le pouvoir*" (Obra citada, Livro XI, Capítulo VI).

A idéia da divisão das funções do Estado, no sistema da tripartição dos Poderes, com a atribuição, a um deles, da missão de julgar, mesmo antes de sua idealização por Montesquieu, em sua obra clássica *L'Esprit des Lois*, já fora preconizada por Aristóteles, no livro VI da Política, quando se assinalou que "nenhum governo pode viver e florescer sem ter, como parte de seu sistema de administração dos negócios civis, alguma força humana permanente, investida de autoridade acatada e suprema, sempre em condições de exercê-la pronta e eficientemente, em caso de necessidade, quando reclamada, de modo regular, tendo caráter permanente. (*apud* J. Cretella Júnior — Elementos de Direito Constitucional, pg.148)

No Brasil, a Constituição do Império de 1824, a primeira editada, adotou o sistema de divisão de Poderes, tendo concebido, porém, a existência, além dos Poderes Executivo, Legislativo e Judiciário, de um quarto Poder: o Poder Moderador que, no artigo 98 da referida Carta, previu-se, devia ser, exercido, pelo Imperador, se e quando necessário, para assegurar "a manutenção da independência, equilíbrio e harmonia dos demais Poderes".

Nas Constituições seguintes, o princípio da tripartição de poderes foi invariavelmente consagrado, sendo importante registrar que, a partir da Constituição da República, aos membros do Poder Judiciário foram reconhecidas as garantias da vitaliciedade e irredutibilidade de vencimentos.

Ao Judiciário — no dizer de Blackstone, "oráculo vivo da lei" — tem-se conferido, desde as primeiras Cartas Políticas do país, a grave missão de reparar as lesões a direito porventura consumadas ou as ameaças a tais direitos surpreendidas (art.5°, XXXV, C.F./88), o que sempre se desejou pudesse ser feito com independência e presteza.

A independência do magistrado é aquele atributo maior, que de um julgador pode ser exigido, constituindo verdadeira garantia para os jurisdicionados.

A presteza, na distribuição da justiça tem sido, porém, objetivo, nos atuais tempos, difícil de ser atingido, levando em conta o assombroso volume de trabalho que assoberba os Tribunais e o número sempre insuficiente de juízes existentes para enfrentá-lo.

Por isso mesmo, advertiu Fernando Whitaker em sua obra "O Sistema Constitucional Brasileiro", já há muito tempo vinha se revelando imperiosa a "necessidade de ser dinamizado o Poder Judiciário, através de medidas sensatas, longamente amadurecidas, que o escoimassem de muitos de seus males, a maior parte dos quais vêm de séculos, com o seu excessivo formalismo."(Obra citada, pg. 292)

Uma primeira tentativa no sentido de submeter o Poder Judiciário a reforma, que pudesse ser capaz de agilizar o funcionamento de seus órgãos, na verdade não teve êxito, de vez que a Emenda Constitucional nº 7, feita à Carta Magna anterior — como anotou o douto Fernando Whitaker — "em nada estimulou a independência e rapidez da atividade judicante, pelo contrário, tornou-a mais submissa e mais morosa" (Obra citada, pg. 292)

A segunda tentativa, veio com a edição da Constituição Federal de 1988, que em seu texto original, contudo, não teve o talento de editar regras realmente capazes de garantir maior presteza, por parte do Poder Judiciário, na distribuição da Justiça.

Nem posteriormente, por ocasião das inúmeras Emendas, que foram à referida Carta introduzidas, revelou-se o legislador constituinte derivado preocupado em garantir, para a sociedade, uma Justiça mais rápida.

Na verdade, promulgada que foi a Carta Federal em 05-10-1988, doloroso é constatar que, nos dezessete anos de sua existência, o que nela se fez foi, na realidade, transformá-la em "colcha de retalhos"; desfigurá-la de seu modelo original, com a introdução de sucessivas Emendas (até agora cinqüenta e duas), algumas delas, sabidamente aprovadas com o objetivo de conciliar o seu texto com os sucessivos e fracassados planos econômicos editados no país.

Essas reiteradas desfigurações, aliás, revelam o verdadeiro distanciamento do legislador brasileiro, em relação ao modelo constitucional moderno que — como anota o professor Raul Machado Horta, em bem lançado artigo publicado na Revista de Informação Legislativa, Ano 29, nº 115, páginas 5/8 — vê as Constituições como editadas, em princípio, "para durarem indefinidamente no tempo", exprimindo sua reforma "o rompimento do compromisso que mantém o equilíbrio entre os grupos sociais, a sociedade e o Estado".

Forçoso é reconhecer, contudo, que de positivo em relação ao Poder Judiciário, constituiu, o reconhecimento que se fez, na Carta de 1988, de sua autonomia administrativa e financeira, quando no texto constitucional assegurou-se-lhe competência para elaboração de suas propostas orçamentárias.

Também, sem dúvida, importantes foram: a criação no corpo da referida Carta, do Superior Tribunal de Justiça — que absorveu parte da competência do Supremo Tribunal Federal e do extinto Tribunal Federal de Recursos — e dos Juizados Especiais para o julgamento de causas cíveis de menor complexidade e infrações penais de pequeno potencial ofensivo, que, contudo, não se mostraram suficientes para garantir a esperada celeridade na prestação jurisdicional.

A Justiça continuou morosa, ante a subsistência de problemas que Diogo de Figueiredo Moreira Neto, definiu como sendo, dentre outros, os de natureza estrutural, a saber: "a multiplicidade de instâncias; a deficiência dos controles e a insuficiência de juízes", e, de ordem funcional: "as leis inadequadas; a processualística complicada e hermética e o sistema de provocação deficiente". (Reformas e Poder Judiciário — Estudo Jurídico publicado na Revista Cidadania e Justiça, Ano 3, nº 6, 1º Semestre 1999, pg. 81)

Após mais de uma década de estudos e discussões, promulgada veio a ser, finalmente, pelo Congresso Nacional, a Emenda 45/2004, que alterou diversos dispositivos da Carta Magna, inseridas no Capítulo dedicado ao Poder Judiciário, com o objetivo de tornar a distribuição da Justiça mais rápida.

Diz-se que, a Emenda em questão foi editada, com o propósito de garantir maior celeridade à prestação jurisdicional, o que se sabe, contudo, só poderá ocorrer, quando uma reforma das leis processuais, ampla e imediata for aprovada e posta em execução, de modo a garantir a simplificação dos ritos procedimentais e obstaculizar as manobras protelatórias, que a legislação vigente vem garantindo, responsáveis pela eternização da solução dos processos.

JUÍZES. RECRUTAMENTO POR MEIO DE CONCURSO PÚBLICO. FORMAÇÃO E APERFEIÇOAMENTO. REGRAS ESTABELECIDAS PELA EMENDA CONSTITUCIONAL 45/2004. GARANTIAS CONSTITUCIONAIS DOS MAGISTRADOS E VEDAÇÕES A QUE ESTÃO SUBMETIDOS. REMOÇÃO, PERMUTA E PROMOÇÃO. CRITÉRIOS A SEREM OBSERVADOS. PROCESSO DISCIPLINAR.

A Emenda Constitucional 45/2004, editada com o propósito de promover uma verdadeira Reforma no Poder Judiciário, com a introdução, no texto da Constituição Federal, de alterações capazes de garantir maior celeridade à prestação jurisdicional, por si só, não tem o talento de garantir a celeridade prometida, enquanto medidas outras não forem, pelo legislador ordinário, implementadas, capazes de tornar efetiva a promessa de maior presteza na distribuição de justiça, pelo legislador constituinte derivado preconizada.

Sem dúvida, foi importante ter se introduzido, na Carta Magna — através do acréscimo que se fez do inciso LXXVIII, ao artigo 5º da referida Carta — de previsão, em que expressamente foi declarado que: " a todos, no âmbito judicial e administrativo, são assegurados a razoável duração do processo e os meios que garantam a celeridade de sua tramitação".

Forçoso, todavia, é convir que, tal declaração, inserida que foi em uma norma meramente programática, não terá, evidentemente, o condão de assegurar celeridade na tramitação dos processos e presteza na distribuição da justiça, se não for acompanhada de uma reforma nas leis processuais, que seja capaz de simplificar os ritos procedimentais dos feitos, atualmente garantidores de toda a sorte de artifícios e expedientes protelatórios, que não permitem que os processos cheguem ao fim.

De outro lado, celeridade na distribuição de justiça, só será possível, se e quando houver uma divisão de tarefas, pelos juízes, que seja justa, diferente do brutal volume de serviço que atualmente é suportado pelos magistrados, sempre em número absolutamente insuficiente para atender a uma demanda que, a cada dia, é maior.

Importante, ademais, é registrar a dificuldade que os tribunais vêem experimentando para, nos concursos públicos, recrutar magistrados, o que vem acontecendo em razão do despreparo, revelado pela maior parte dos candidatos, fruto do ensino deficiente, em certos casos recebido, em cursos jurídicos nem sempre credenciados a transmitir sólidos conhecimentos de direito.

Assim sendo, soa meramente programática — por constituir *desideratum*, que nas condições atuais, com dificuldade, poderá ser atingido — a promessa contida no inciso XIII do artigo 93 da Constituição Federal, introduzida pela Emenda Constitucional 45/2004, no sentido de que: "o número de juízes, na unidade jurisdicional, será proporcional à efetiva demanda judicial e à respectiva população".

É certo que o legislador constituinte reformador, procurando deixar claro a sua preocupação de garantir "amplo acesso à justiça e mais célere prestação jurisdicional", previu, no artigo 7º da Emenda 45/2004, a imediata instalação, pelo Congresso Nacional, após a promulgação da Emenda, de uma comissão especial mista, "destinada a elaborar, em cento e oitenta dias, os projetos de leis necessários", capazes de tornar efetiva a celeridade na prestação jurisdicional preconizada.

Todavia, promulgada que foi a Emenda 45/2004 em 08/12/04, de há muito escoado o prazo de cento e oitenta dias, no artigo 7º fixado, vê-se que, nenhuma notícia se tem, até agora, sequer da constituição da comissão, acreditando-se, inclusive, que tal providência tão cedo não será tomada, em meio à grave crise política em que o Poder Legislativo se encontra, atualmente, mergulhado.

Sem embargo, mesmo antes da promulgação da Emenda Constitucional 45/2004, já havia em discussão, no Congresso Nacional, projetos de lei, contendo propostas para a agilização da prestação jurisdicional, através da simplificação da tramitação dos recursos, com o estabelecimento de nova disciplina para o seu processamento.

Alguns desses projetos foram encaminhados pelo Excelentísssimo Senhor Ministro da Justiça, Dr. Márcio Thomaz Bastos, dentre eles destacando-se como sendo, na nossa visão, os mais importantes, os seguintes: 1) O apresentado em 19-11-04, (Projeto de Lei 4.727/04), que deu nova redação aos artigos 523 e 527, incisos II, V e VI e parágrafo único do CPC, que dispõem sobre a tramitação dos recursos de agravo, projeto esse que se transformou na Lei 11.187/05, publicada em 20-10-2005, com vigência fixada após decorridos noventa dias de sua publicação; 2) O Projeto de Lei 4.497/04, apresentado pelo Instituto Brasileiro de Direito Processual, elaborado pelos insignes juristas Athos Gusmão Carneiro, Sálvio de Figueiredo Teixeira e Petrônio Calmon Filho, que introduziu alterações a diversos artigos do CPC, relacionados com a execução — que por força de tais alterações deixou de constituir processo autônomo — estabelecendo regras para: efetivação de penhora e sua agilização; execução provisória e prestação de caução; incidência de multa, quando o devedor, no caso de execução por quantia certa, não efetuar o pagamento em quinze dias; defesa do executado através de impugnação sem efeito suspensivo. Este Projeto — importante a registrar — já se transformou em lei (Lei 11.232, de 22-12-2005), cuja vigência foi prevista para seis meses após a data de sua publicação, que ocorreu em 23-12-2005. 3) O Projeto de Lei 4.724/04, de 19-11-04, de que se originou a Lei 11.276, de 07-02-06, que alterou, dentre outros dispositivos, o artigo 518 do CPC, criando a figura da súmula impeditiva de recurso — em relação à qual formulamos a mesma crítica que fizemos, em Capítulo próprio, à Súmula Vinculante — permitindo que o juiz recuse o recebimento de recurso de apelação, quando a sentença recorrida estiver em conformidade com Súmula do STJ ou do STF; 4) o Projeto de Lei 4.728/04, que se consolidou na Lei 11.277, de 07-02-06, que preconizou a racionalização do julgamento de processos repetitivos; 5) O Projeto de Lei 4.726/04, de 27-10-04, de que resultou a Lei 11.280, de 16-02-06, que alterou, dentre outros dispositivos da lei processual civil, as normas dos §§ 2º e 3º do artigo 555, para autorizar a requisção, pelo Presidente do Órgão Julgador, de autos que se encontrem retidos em poder de juiz, em virtude de pedido de vista, depois de decorrido o prazo de dez dias, contado do recebimento pelo magistrado — sem que tenha havido pedido de prorrogação — medida absolutamente salutar, capaz de pôr fim à eternização dos processos.

A preocupação do legislador constituinte, em garantir celeridade à distribuição da justiça, mais uma vez pode ser surpreendida quando, no inciso XIV, pela Emenda Constitucional 45/2004 — acrescentado ao artigo 93 da Constituição Federal — como novidade, previu-se a possibilidade de receberem os servidores delegação "para a prática de atos de administração e atos de mero expediente sem caráter decisório", previsão que, com todas as vênias, entendemos perigosa, pelos riscos dos abusos que podem resultar, além de ser, naturalmente, imprópria a delegação, por um juiz, a serventuário, de ato que deve no processo realizar, sob sua própria responsabilidade e competência, presente que os atos de impulso do processo são atos de jurisdição que, portanto, só pelo juiz devem ser praticados.

A propósito, vale invocar para aplicação, a norma do inciso LIII, do artigo 5º da Constituição Federal, forte a proclamar que: "ninguém será processado nem sentenciado senão pela autoridade competente".

Ainda com o pensamento voltado para a celeridade dos processos, previu a EC-45, ao acrescentar o inciso

XII ao artigo 93 da Constituição Federal que, "a atividade jurisdicional será ininterrupta, sendo vedado férias coletivas nos juízos e tribunais de segundo grau, funcionando, nos dias em que não houver expediente forense normal, juízes em plantão permanente".

A extinção de férias coletivas foi medida benéfica.

O sistema alternativo que se instituiu no Tribunal de Justiça deste Estado, de manutenção de Câmaras de plantão, que mantinha, o ano todo, a Justiça em funcionamento, embora fosse útil, para afastar a idéia da paralisação total, era desgastante para os magistrados.

Na opinião de José Carlos Barbosa Moreira, a disposição que pôs fim às férias coletivas nos Tribunais foi positiva, pois inaceitável era que "em determinadas épocas do ano, cessasse por completo, ou quase por completo, a atividade judicante em segundo grau", por isso que, assinala o douto processualista: "como um hospital não deve fechar suas portas para que os médicos gozem de merecidas férias — cada qual gozará delas em uma oportunidade própria — assim também os tribunais não devem, a meu ver, fechar suas portas, pois são também hospitais, no sentido de que são entidades destinadas a dar remédio a doenças. Não doenças físicas, mas jurídicas, crises no funcionamento prático do ordenamento jurídico". (*apud* Reflexos da Emenda Constitucional nº 45/2004, no Processo Civil — Estudo Jurídico publicado na Revista da EMERJ, vol. 8, nº 32/2005, pgs.31/44)

Previu, ainda, a E.C. 45/2004, no inciso XV, acrescentado ao artigo 93 da C.F., que "a distribuição dos processos será imediata, em todos os graus de jurisdição", providência salutar, que sempre foi observada pelo

Tribunal de Justiça do Estado do Rio de Janeiro, mas que, sabidamente, não vinha sendo praticada, em Tribunais de outros Estados da Federação.

Sobre a carreira da magistratura e as condições para nela ingressar — matéria que, segundo a norma do *caput* do art. 93 da C. Federal, há de ser com mais completude tratada em lei complementar (Estatuto da Magistratura) — dispôs o legislador na E.C. 45/2004, dando nova redação ao inciso I do artigo citado, para formular, expressamente, a exigência de que o candidato ao cargo inicial de juiz substituto, seja bacharel em direito, tenha, no mínimo, três anos de atividade jurídica e submeta-se a concurso de provas e títulos, recomendando que a nomeação obedeça a ordem de classificação.

A fixação, desde logo, na C.Federal, do tempo mínimo de atividade judiciária, como condição para submissão ao concurso de ingresso na carreira da magistratura, não nos parece, contudo, ter sido adequada, se afigurando antes, que a matéria deveria ter a sua disciplina devolvida à lei complementar (Estatuto da Magistratura), levando em consideração a necessidade de ser, dita fixação, no decorrer dos tempos, reavaliada, segundo as regras de experiência recolhidas pelos tribunais nos concursos.

De resto, não nos parece ter sido feliz a previsão, no inciso I do artigo 93, contida, que torna possível recrutar juízes dentre candidatos que tenham, apenas, três anos de atividade jurídica, vale dizer, de prática nas lides forenses, após a conclusão do curso de direito, sendo antes ideal que, para exercer a magistratura, o candidato tenha experiência um pouco mais longa (em torno de cinco anos), que lhe garanta mais intimidade com a aplicação da lei.

Ainda a propósito do que no inciso I do art. 93 da C.F. se dispôs — quando reproduzida foi previsão, no referido dispositivo já anteriormente existente, expressa a determinar que a nomeação dos aprovados no concurso se faça com obediência à ordem de classificação — forçoso é reconhecer que nada mais representa do que a consagração da regra contida no *caput* do art. 37 da Lei Maior, que subsume a administração pública, dentre outros princípios, aos da legalidade, impessoalidade e moralidade.

Às garantias, que na Carta Política são aos juízes asseguradas, nenhuma alteração substancial acrescentou, o legislador constituinte reformador, na E.C. 45/2004, subsistindo, assim, para aplicação, as normas dos incisos I, II e III do artigo 95, que asseguram, respectivamente, vitaliciedade, ao juiz, no primeiro grau, após dois anos de exercício, sujeitando-o, nesse período, à perda do cargo, por deliberação do Tribunal a que esteja ele vinculado, prevendo que, uma vez vitaliciado, só poderá o magistrado ter a perda do cargo decretada por sentença judicial transitada em julgado; inamovibilidade, salvo motivo de interesse público, na forma do inciso VIII do artigo 93; irredutibilidade de subsídio, com a ressalva do disposto nos artigos 37, X e XI, 39, § 4º, 150, II, 153, III e 153, § 2º, I.

Importante é anotar que a vitaliciedade não constitui garantia que automaticamente possa ser, ao juiz de primeiro grau, conferida, depois de decorridos dois anos de exercício no cargo. Como se encontra expresso no inciso IV do art. 93, o vitaliciamento tem, como etapa obrigatória, a submissão do juiz a curso oficial ou reconhecido por Escola Nacional de Formação e Aperfeiçoamento de Magistrado — o que, no Tribunal de Justiça do Estado do Rio de Janeiro, mesmo antes da edição da E.C. 45/2004, já era observado — sendo considerado período de prova, durante o qual é possível aferir-se se o juiz tem, efetivamente, aptidão para o exercício do cargo e se nele estão presentes aquelas qualidades que, de um magistrado, devem ser exigidas, das quais as mais importantes são, sabidamente, a independência, a operosidade, o preparo jurídico e a conduta ilibada.

Para a aferição da presença, nos juízes, de tais qualidades, criou o Tribunal de Justiça do Estado do Rio de Janeiro, em 1997, por Resolução do Conselho da Magistratura, o Conselho de Vitaliciamento, experiência pioneira no país — cuja existência veio a ser, posteriormente, disciplinada em lei (Lei Estadual 3676/2001) — integrado por Desembargadores aposentados, aos quais outorgada foi a missão de orientação, aconselhamento e avaliação do desempenho dos juízes, exercida em colaboração com a Escola de Magistratura do Estado do Rio de Janeiro, trabalho que vem sendo desenvolvido com seriedade, com o olhar voltado para o fortalecimento do Poder Judiciário, nesses conturbados tempos, em que — enquanto a conduta dos homens públicos do país tem deixado tanto a desejar — a magistratura do Estado do Rio de Janeiro vem se consolidando como verdadeiro exemplo de excelência no país.

É importante registrar que, só após a edição da Emenda Constitucional 45/2004, o Conselho da Justiça Federal, pela Resolução 427 de 07-04-2005, fixou, no âmbito federal, as regras gerais a serem observadas, no período de vitaliciamento dos magistrados, estabelecendo critérios para a avaliação e acompanhamento do desempenho dos juízes, em tal período, missão que foi considerada atribuição do Corregedor-Geral, e que se previu há de ser desenvolvida com a colaboração de Juiz Auxiliar da Corregedoria e Juízes Formadores, a estes últimos tendo sido atribuída a responsabilidade de, no período em questão, acompanhar a atuação do juiz vitaliciando; apreciar sua conduta funcional e social, avaliando sua aptidão para o exercício do cargo, levando, inclusive, em conta, não só a qualidade do trabalho pelo magistrado desenvolvido, como também, as atividades de aperfeiçoamento profissional, promovidas pelo Tribunal, a que haja ele se submetido.

A respeito da inamovibilidade — garantia assegurada aos magistrados pela Carta Magna — nada de novo dispôs o legislador, na E.C. 45/2004, subsistindo, portanto, para aplicação, a regra do inciso II do art.95, da referida Carta, que — salvo por motivo de interesse público ou nos casos de remoção a pedido ou permuta — proíbe a remoção de magistrado, assegurando-lhe, antes, o direito de permanecer na sede do juízo, para o qual foi nomeado.

A garantia da inamovibilidade é de extraordinária importância para o magistrado, pois, como observa J. Cretella Junior, se ela não existisse, o magistrado, "ficaria à mercê do Chefe do Poder Executivo, que sobre ele exerceria pressões por essa via". (Elementos de Direito Constitucional, pg. 183).

Assim, tem-se que, só em casos especialíssimos, em que esteja presente o interesse público, a garantia da inamovibilidade poderá ser, excepcionalmente, afastada e o juiz removido.

Sobre a matéria discorreremos adiante, mais detidamente, quando examinarmos as hipóteses de remoção, disponibilidade e aposentadoria por interesse público.

Inalterada, pela E.C. 45/2004, também ficou, no texto da Carta Magna de 1988, a norma do inciso III do art. 95, da referida Carta, garantidora da irredutibilidade dos subsídios dos magistrados, intocadas, de outro lado, tendo ficado as regras estabelecidas nos incisos V e VI do art. 93, que, respectivamente, no primeiro dos incisos citados, estabeleceu limites para a remuneração dos magistrados, levando em conta o teto fixado pelos subsídios percebidos pelos Ministros do Supremo Tribunal Federal (art. 37, XI C.F. com a redação dada pela E.C. 41/2003), e, no segundo, dispôs sobre a aposentadoria dos magistrados e a pensão de seus dependentes, direitos previdenciários, aos quais, originariamente, a Carta Magna, por absoluta imperfeição, que sempre criticamos, mandou aplicar as regras do artigo 40 da Lei Maior, como se os magistrados, membros de um dos Poderes da Nação, aos servidores pudessem ser assemelhados, e, conseqüentemente, receberem o mesmo tratamento a estes dispensados, o que, na verdade, guarda absoluto antagonismo com as garantias constitucionais que são aos magistrados, institucionalmente, asseguradas.

Ainda com relação à garantia da irredutibilidade dos vencimentos, aos magistrados assegurada, no inciso III do art. 95, da Lei Maior, convém lembrar que, dita garantia, foi instituída visando a assegurar aos juízes, em primeiro lugar, estabilidade financeira e situação de absoluta independência, frente aos demais Poderes, de outro lado, afastando o estado de incerteza, capaz de gerar, no espírito dos magistrados, intranqüilidade no exercício da grave missão de julgar.

No que diz respeito à disciplina a que estão os juízes submetidos; critérios a serem observados para promoção, acesso aos tribunais de segundo grau; condições para remoção a pedido; permuta, remoção, disponibilidade e aposentadoria por interesse público, inovou a E.C. 45/2004, introduzindo ao artigo 93 da C.F. alterações, quando deu nova redação as letras c e d do inciso II, a este acrescentando a letra e, acrescendo, ainda, ao referido artigo, os incisos VIII-A, XII, XIII e XIV, nestes três últimos incisos dispondo, respectivamente: sobre atividade jurisdicional; número de juízes na unidade jurisdicional; delegação a servidores para a prática de atos de administração, de mero expediente e de distribuição de processos, matéria que — a exceção da que foi cuidada na letra e do inciso II e no inciso VIII-A, já fora, anteriormente, neste trabalho, objeto de considerações.

Incluída dentre as obrigações impostas pela C.F. aos juízes, encontra-se a de, o juiz titular, manter residência fixa na Comarca em que exerça a sua jurisdição, constituindo, aliás, exigência que, anteriormente, do inciso VII do artigo 93 da Carta Magna já constava, tendo toda justificativa, presente a necessidade que, não raro, há de ocorrer de o jurisdicionados à autoridade judiciária terem de recorrer no caso de urgência de reparação de uma lesão de direito ou de deferimento de medida que o *periculum in mora* esteja a justificar.

Ao dar nova redação ao inciso VII do art. 93, cuidou, porém, o legislador, de incluir ressalva, acrescentando, ao texto original, a expressão: "salvo autorização do tribunal", deixando clara, assim, a possibilidade da obrigação de residir o juiz titular na comarca, vir a ser, eventualmente, dispensada, em casos excepcionais, como, por exemplo, questão relacionada com a segurança pessoal da autoridade judiciária ou quadro de calamidade pública.

A exigência da residência da autoridade judiciária na comarca, naturalmente tem, como destinatário, consoante expressamente dito no texto da norma constitucional, o juiz titular, não se aplicando ao juiz substituto, ou mesmo ao juiz de direito que esteja exercendo, na comarca, as suas funções, em substituição ao titular.

Da remoção, disponibilidade e aposentadoria, por interesse público; da remoção a pedido e da permuta de magistrado; tratou o legislador constituinte reformador, na E.C.45/2004, dando nova redação ao inciso VIII do artigo 93, e, a este acrescentando o inciso VIII-A.

No primeiro dos incisos citados (VIII), passou o legislador a exigir o quorum da maioria absoluta do respectivo Tribunal — e não apenas de 2/3 dos votos de seus membros, como anteriormente estava estabelecido — ou do Conselho Nacional de Justiça, para a aplicação das medidas administrativas de remoção, disponibilidade e aposentadoria, quando compulsórias, medidas essas que, como é sabido, têm o sabor de punições disciplinares (art.42, III, IV e V da LOMAN).

De anotar-se que, no corpo do inciso VIII do artigo 93, repetiu-se a previsão, já anteriormente no referido inciso contida, que assegura ao magistrado, no curso do procedimento administrativo instaurado, ampla defesa, garantia que, aliás, mesmo antes da edição da Carta Magna de 1988, já se encontrava, concedida aos magistrados, nos processos disciplinares, pelos artigos 45, 46 c/c. artigo 27 da LOMAN.

No inciso VIII-A, introduzido pela E.C. 45/2004, ao artigo 93 da C.F., tratou o legislador constituinte reformador da remoção a pedido, e da permuta, prevendo a aplicação a elas, no que couber, das regras estabelecidas nas alíneas a, b e c do inciso II do artigo 93, do que resulta deverem ser levados em consideração, quando da apreciação dos pedidos formulados, a votação que tenha merecido, o magistrado, em pedido de remoção ou permuta anteriormente formulado; o tempo de integração que tenha ele na entrância; a sua posição na lista de antiguidade, ressalvada, naturalmente, a hipótese de não existir, com tais requisitos, quem aceite a remoção; a presteza e a segurança reveladas no exercício da jurisdição e a freqüência e aproveitamento que tenha tido em cursos reconhecidos de aperfeiçoamento, sem olvidar o requisito — expressamente no inciso VIII-A, formulado — de que os magistrados, que hajam pedido a remoção ou a permuta, integrem comarcas de igual entrância.

A propósito das vedações impostas aos juízes, quando no exercício da função judicante, vê-se que restaram intocadas, pela E.C. 45/2004, as previstas nos incisos I, II e III do parágrafo único do artigo 95 da Carta Magna que, respectivamente, proíbem o magistrado de, mesmo em disponibilidade, exercer outro cargo ou função, salvo um de magistério; receber, a qualquer título ou pretexto, custas ou participação em processo; exercer atividade político-partidária.

Ditas vedações, é importante registrar, visam a garantir a dedicação, quase que absoluta em tempo integral, do magistrado, às atividades judicantes, afastando a possibilidade da acumulação, pelo mesmo, de cargos (inciso I), de outro lado, procurando resguardar a independência dos juízes — tão importante para as partes no processo — ao proibir que possam eles receber qualquer vantagem ou compensação, nos processos em que estejam atuando (inciso II), por fim, proibindo-lhes o exercício de atividade político-partidária, de modo a afastar o risco de, em certos casos, no julgamento de causas, virem a ser proferidas decisões com matizes mais nitidamente políticos do que jurídicos (inciso III).

Ao rol das vedações, alinhadas nos incisos I, II e III do parágrafo único do artigo 95 da C.F., acrescentadas foram, pela Emenda Constitucional 45/2004, duas outras, enunciadas nos incisos IV e V, que foram ao referido artigo acrescidos.

No inciso IV, claramente preocupado em resguardar a independência e a ética, que devem estar presentes no comportamento do juiz, cuidou o legislador constituinte reformador de deixar explícita a proibição — que naturalmente deve ser vista como ínsita na conduta de um magistrado, para a preservação de sua independência — de receber ele, a qualquer título, ou pretexto, auxílios ou contribuições, de pessoas físicas, entidades públicas ou privadas, ressalvadas as exceções previstas em lei, das quais podem ser citadas, como exemplos, o recebimento, pelo magistrado, de remuneração pelo exercício do magistério ou os direitos autorais pagos por obra publicada.

No inciso V, editou o legislador regra nova, na nossa visão, de absoluta pertinência ética, que estabeleceu prazo de três anos, vulgarmente conhecido como de quarentena, para que o magistrado, aposentado ou exonerado, possa exercer a advocacia, no juízo ou tribunal do qual se afastou, excluindo, destarte, a possibilidade de se alegar que, no exercício da novel profissão, esteja o magistrado se valendo do prestígio anterior, de que era detentor, de modo a ser merecedor de tratamento diferenciado.

A propósito das custas e emolumentos do serviço forense, de cujo recebimento — como expressamente declarado no inciso II do parágrafo único do artigo 95 — não podem os juízes participar, preferiu o legislador constituinte reformador dispor, acrescentando ao artigo 98 da Carta Magna um parágrafo, que passou a constituir o parágrafo 2º do artigo, transformado o anterior parágrafo único em parágrafo 1º, no novel dispositivo proclamando que: "As custas e emolumentos serão destinados, exclusivamente, ao custeio dos serviços afetos às atividades específicas da Justiça."

O tratamento assim dado à matéria, pelo legislador, em parágrafo acrescido ao artigo 98, não nos pareceu, todavia, ter sido adequado.

Com efeito, como é sabido, todo parágrafo acrescentado ao *caput* de um artigo, deve guardar, necessariamente, com aquele, relação ancilar.

Ocorre que, o artigo 98 e seus incisos da Carta Magna, em nenhum momento tratam de custas e emolumentos forenses, cuidando, antes, da criação, pela União, Distrito Federal, Territórios e Estados, dos Juizados Especiais e da Justiça de Paz remunerada, no antigo parágrafo único, hoje, parágrafo primeiro do artigo, se dispondo sobre a criação dos primeiros, no âmbito da Justiça Federal.

Assim, o § 2º, acrescentado ao artigo 98, tratando, como efetivamente trata, de custas e emolumentos forenses em geral, nenhuma relação guarda com a matéria cuidada no artigo 98 (Juizados Especiais), nos quais, aliás, nem custas, nem emolumentos, são, em princípio, cobrados (art. 54 da Lei 9099/95), ressalvadas as hipóteses especialmente previstas nos incisos II e III do artigo 55.

O dispositivo em discussão, segundo nos parece, teria ficado melhor posicionado — naturalmente, dando-se-lhe adequada redação — como acréscimo que então far-se-ia da letra g, ao inciso I, do artigo 96, que dispõe sobre a competência privativa dos Tribunais, em tal competência alinhando-se, então, a iniciativa para dispor sobre custas e emolumentos, destarte, ao novel dispositivo podendo-se dar a seguinte redação: g) — "dispor sobre custas e emolumentos forenses, que serão destinados, exclusivamente, ao custeio dos serviços afetos às atividades específicas da Justiça".

Ainda à respeito da disciplina a que estão submetidos os juízes; requisitos que devem eles preencher para promoção, remoção, permuta e acesso aos tribunais de segundo grau, dispôs a Emenda Constitucional 45/2004, na nova redação dada às letras c e d do inciso II do artigo 93 e na letra e que foi ao citado inciso acrescida.

Não alterou, porém, a Emenda 45/2004, o que originariamente se encontrava estabelecido no inciso II do artigo 93 e nas letras a e b do referido inciso, claras a preverem, inicialmente, que: a promoção dos magistrados, de entrância para entrância, seja feita, alternadamente, por antiguidade e merecimento; (II); a) que obrigatória é a promoção do juiz que figure por três vezes consecutivas ou cinco alternadas em lista de merecimento; b) que para promoção por merecimento deve ter o juiz dois anos de exercício na respectiva entrância e integrar a primeira quinta parte da lista de antiguidade, salvo se não houver com tais requisitos quem aceite o lugar.

A previsão de que o juiz, para ser promovido por merecimento, integre a primeira quinta parte da lista de antiguidade, é providência absolutamente justa, visando, antes de tudo, na medida do possível, afastar o carreirismo, com a preterição, muitas vezes, de juízes mais antigos e mais preparados, por outros mais novos, nem sempre portadores de melhor preparo e experiência.

No que diz respeito aos demais requisitos, que devem ser dos juízes exigidos para promoção de entrância para entrância — originariamente previstos nas letras c, d e e do inciso II do artigo 93 — foram pelo legislador, na E.C. 45/2004, em parte, reformulados.

Assim, à letra c do inciso citado, que, anteriormente, determinava que o merecimento do magistrado, para fins de promoção, fosse aferido "pelos critérios da presteza e segurança no exercício da jurisdição da jurisdição e pela freqüência e aproveitamento em cursos reconhecidos de aperfeiçoamento", preferiu, agora, expressamente exigir o legislador que, dito merecimento, seja aferido não só pelo critério da presteza no exercício da jurisdição, como também pela da produtividade, estabelecendo mais que, os cursos de aperfeiçoamento aos quais os magistrados terão de freqüentar, com aproveitamento, sejam oficiais ou reconhecidos.

De outro lado, ao tratar da promoção por antiguidade (letra d do inciso II do artigo 93), embora, mantendo o *quorum* de dois terços dos membros do tribunal, para recusa do juiz para promoção, inovou o legislador, quando passou a exigir que a recusa, do juiz mais antigo, pelo critério da antiguidade, observe "procedimento próprio", e que seja assegurado ao magistrado ampla defesa, determinando que, ocorrida a recusa, a votação seja repetida, até que se fixe a indicação.

A previsão no sentido de que se assegure ao juiz que tiver de ser recusado para a promoção, ampla defesa, parece-nos, porém, providência complicada, não se alcançando mesmo, como será possível, ao tribunal, no início de uma votação inaugurar "procedimento próprio", como previsto no texto constitucional, para assegurar ao juiz, candidato à promoção, direito de defesa.

A falta de clareza e explicitação, a respeito da forma pela qual o direito de defesa há de ser exercido pelo juiz, parece, na nossa visão — levando em conta a forma pela qual a disposição se encontra redigida na letra d do inciso II do artigo 93 — que não assegura ao dispositivo auto-aplicabilidade, desafiando antes a edição de norma regulamentadora, em lei complementar.

Benéfica, parece-nos, contudo, a disposição introduzida no inciso II, do artigo 93, com a letra e, criada, que prevê, como requisito para que o juiz seja promovido, que não tenha ele, injustificadamente, em seu poder, autos com prazo excedido, inclusive, excluindo a possibilidade de o juiz proceder à devolução dos autos respectivos, sem despacho ou decisão. Juiz que não seja operoso, ao contrário, atrasando processos, evidentemente, não merece ser promovido.

Sobre o acesso dos juízes aos tribunais de segundo grau, vê-se que limitou-se o legislador a declarar, no inciso III, do artigo 93, que deverá ter lugar, alternadamente por antiguidade e merecimento, apurados na última ou única entrância.

Por imperfeição, todavia, deixou o legislador constituinte reformador de registrar a exigência do preenchimento pelos juízes, também, nesse caso, das condições previstas nas letras b, c, d e e do inciso II do artigo 93, que, evidentemente, não podem ser dispensadas, pois se exigidas para promoção no primeiro grau de jurisdição, evidentemente, não podem ser desconsideradas quando se tratar de acesso ao segundo grau.

Ainda a propósito das condições que dos juízes devem ser exigidas para promoção, vê-se que, no inciso IV do artigo 93, renovou o legislador na Emenda Constitucional 45/2004, a exigência, já anteriormente contida na letra c do inciso II do artigo citado, de submissão daqueles a cursos de preparação e aperfeiçoamento, prevendo, agora, que ditos cursos sejam oficiais ou reconhecidos por escola nacional de formação e aperfeiçoamento de magistrados.

DOS JULGAMENTOS PELOS ÓRGÃOS DO PODER JUDICIÁRIO. PUBLICIDADE. DECISÕES. EXIGÊNCIA DE FUNDAMENTAÇÃO. SIGILO: SE E QUANDO DEVE SER OBSERVADO PARA A PRESERVAÇÃO DO DIREITO À INTIMIDADE. PROPOSTA DE CELERIDADE, NA PRESTAÇÃO JURISDICIONAL, FEITA NA EMENDA CONSTITUCIONAL 45/2004, EM NORMAS PROGRAMÁTICAS.

Dos julgamentos dos órgãos do Poder Judiciário, tanto com relação às decisões de natureza jurisdicional, quanto às que tenham de solver questões de natureza administrativa, cuidou o legislador constituinte reformador nos incisos IX, X e XI do artigo 93 — que, anteriormente da matéria já tratavam — aos quais deu nova redação, ao último dos incisos citados, introduzindo alteração, que consistiu na fixação de critério novo, para a composição do Órgão Especial no Tribunal de Justiça, que, na nossa visão, estaria a merecer crítica pelas razões que aduziremos mais adiante.

Com referência ao que no inciso IX do art. 93, se encontra estabelecido — vê-se que não se distanciou o legislador, em substância, do que, originariamente, no referido dispositivo, encontrava-se estabelecido — estando, portanto, mantidas as exigências de que os julgamentos sejam públicos e fundamentadas todas as decisões, sob pena de nulidade.

A exigência da fundamentação nas decisões judiciais, foi transposta da Carta Magna, pelo legislador ordinário, para o artigo 458 da legislação processual, convindo observar que, em certos casos, levando em conta a simplicidade das questões solvidas, dita fundamentação poderá ser sucinta, desde que suficiente seja o seu teor "para demonstrar as razões que levaram o magistrado a formar sua convicção" (Celso Ribeiro Bastos, "Comentários à Constituição do Brasil", vol. 4, pg. 51).

A propósito da exigência formulada no inciso IX do artigo 93, da Carta Magna, de que os julgamentos feitos pelos órgãos do Poder Judiciário sejam públicos, algumas considerações merecem ser feitas.

O inciso IX do art. 93, em referência, tinha, originariamente, a seguinte redação: "todos os julgamentos dos órgãos do Poder Judiciário serão públicos e fundamentadas todas as decisões, sob pena de nulidade, podendo a lei, se o interesse público o exigir, limitar a presença, em determinados atos, às próprias partes e a seus advogados, ou somente a estes".

Dito dispositivo, na verdade, transpôs para o Capítulo dedicado ao Poder Judiciário, o princípio da publicidade dos atos processuais, que o legislador constituinte originário erigiu em norma pétrea, no inciso LX do artigo 5º da Carta Magna, sem, contudo, incluir a ressalva, nessa última norma contida, expressa a preconizar a possibilidade de restringir a lei a publicidade dos atos processuais: "quando a defesa da intimidade ou o interesse social o exigirem".

Sem embargo, atento à autorização constitucional ínsita no inciso LX do artigo 5º, o legislador ordinário cuidou de prever, no texto do artigo 155 do Código de Processo Civil que — como exceção ao princípio geral da publicidade dos atos processuais — possam ser eles realizados: "em segredo de justiça", quando "o exigir o interesse público", ou disserem, ditos atos respeito "a casamento, filiação, separação dos cônjuges, conversão desta em divórcio, alimentos e guarda de menores".

Com a Emenda Constitucional 45/2004, o inciso IX, citado, passou a ter a redação seguinte: "todos os julgamentos dos órgãos do Poder Judiciário serão públicos, e fundamentadas todas as decisões, sob pena de nulidade, podendo a lei limitar a presença, em determinados atos, às próprias partes e a seus advogados, ou somente a estes, em casos nos quais a preservação do direito à intimidade do interessado no sigilo não prejudique o interesse público à informação".

A respeito vale citar a opinião de Nagib Slaibi Filho — registrada em artigo jurídico publicado — expressa a reconhecer que, o princípio da publicidade dos atos processuais, recebeu, na Emenda Constitucional 45/2004, novo tratamento, traduzido na recomendação de que, quando se tiver de decidir sobre a prevalência ou não da incidência do princípio da publicidade, seja levada em conta: "a proporcionalidade entre o direito à intimidade do interessado e o interesse público, enquanto que, na redação anterior, predominava o interesse público" (*apud* A Publicidade no Processo Judicial. Notas Sobre a Nova Redação do Artigo 93, IX da Constituição — Revista da Emerj, Vol. 8, nº 32/2005, pgs. 91/98).

Sem embargo, atento à autorização constitucional, ínsita no inciso LX do artigo 5º, o legislador ordinário já, havia cuidado de prever, no texto do artigo 155 do Código de Processo Civil que, como exceção ao princípio geral da publicidade dos atos processuais, possam ser eles realizados: "em segredo de justiça", quando "o exigir o interesse público", ou disserem, ditos atos, respeito "a casamento, filiação, separação dos cônjuges, conversão desta em divórcio, alimentos e guarda de menores".

Confrontando a redação que tinha, originariamente, o inciso IX do artigo 93, com a que lhe foi dada pela E.C.45/2004, quer nos parecer que, no citado inciso, em sua redação anterior, o legislador teria dado maior relevo ao interesse público, no momento em que se tivesse de decidir, entre a publicidade do ato e o sigilo que, no interesse das partes, merecesse ser preservado quando de sua realização, ao passo que, ao dar ao inciso nova redação, teria o legislador se revelado mais preocupado com a necessidade da preservação do "direito à intimidade do interessado no sigilo" (inciso LX do artigo 5º da C.F.), embora tivesse feito, no final do dispositivo, ressalva à necessidade da preservação do "interesse público à informação".

De qualquer forma, importante foi a ressalva, no final do inciso IX inserida, pelo legislador.

É que o direito à informação, como definido no inciso XIV do artigo 5º, da Lei Maior, constitui garantia constitucional que integra o rol das chamadas liberdades públicas, próprias do Estado Democrático de Direito.

Nessa ordem de idéias, parece importante que, quando da aplicação da regra estatuída no inciso IX do art. 93 da C.F., seja sempre levado em conta — como recomenda o magistério de Fernando Whitaker — a colocação do "bem comum acima do bem individual", buscando o equilíbrio entre "os direitos fundamentais e a segurança do Estado". (O Sistema Constitucional Brasileiro, pgs. 160/161)

Destarte, se e quando se tiver de decidir entre o interesse público à informação e a preservação da intimidade das pessoas, importante será avaliar, em que medida no caso concreto, o direito à preservação da privacidade e o respeito à dignidade da pessoa humana, na Constituição Federal alinhadas como direitos fundamentais (arts. 1°, III e 5°, X), poderão ter peso maior do que aquele outro direito fundamental, que é o interesse público à informação (art. 5°, XIV).

Ainda a propósito do que no texto do inciso IX do art. 93, se encontra estatuído, tem-se que, oportuna foi a manutenção, pela E.C. 45/2004, no corpo do dispositivo, da previsão que admite a limitação, em certos julgamentos — se e quando constituir providência imperiosa — da presença apenas das partes e seus advogados ou tão-somente a destes últimos, medida restritiva, em certos casos, absolutamente necessária para afastar o constrangimento ou a insegurança, que da presença da parte possa resultar, de modo a comprometer a apuração da verdade dos fatos no processo.

Concluindo, portanto, pode-se dizer, que nos julgamentos feitos pelos Órgãos do Poder Judiciário, quer de natureza judicial, quer de natureza administrativa, deve prevalecer o princípio da publicidade, sendo o sigilo a exceção.

Das decisões administrativas, proferidas pelos Órgãos do Poder Judiciário, cuidou o legislador, especificamente, no inciso X do artigo 93, exigindo que sejam elas motivadas e sempre proferidas em sessão pública. Particularmente, em relação às de natureza disciplinar, formulou-se a exigência de que sejam tomadas pelo voto da maioria absoluta dos membros do Tribunal.

A motivação, adverte o magistério de J. Cretella Jr., "é a explicitação dos motivos" é o motivo, segundo o magistério de Recaredo Fernández de Velasco Calvo, pelo douto constituinte trazido à colação, é: o "móvel de livre apreciação para pôr em atividade uma faculdade administrativa ou, pelo menos, a razão psicológica explícita ou tácita, mas presumida, que leva a adotar uma determinação" (Elementos de Direito Constitucional, pg.185/186).

A previsão de que as decisões administrativas sejam tomadas em sessão pública é, em princípio, salutar. A publicidade tanto dos atos judiciais, como dos administrativos, consulta os interesses da sociedade que tem direito de ser informada a respeito das decisões, quer de natureza jurisdicional, quer de natureza administrativa, pelos Órgãos do Poder Judiciário proferidas.

Também correta a manutenção, pela E.C. 45/2004, no texto do inciso X do art. 93, da previsão, que já anteriormente no referido dispositivo se lia, de que as decisões administrativas dos tribunais devem ser tomadas pelo voto da maioria absoluta de seus membros, <u>quorum</u>

que, acrescentamos, nos tribunais em que exista Órgão Especial, deve ser apurado, levando em conta a maioria absoluta dos membros que compõem o referido Órgão.

Em nossa opinião, incorreu, porém, o legislador constituinte reformador, em omissão, quando, no inciso X, do artigo 93, deixou de prever, expressamente, a aplicação aos julgamentos feitos pelos tribunais, em processos disciplinares — das regras inseridas no inciso IX, preconizadoras, em casos especiais, do sigilo dos julgamentos, se e quando necessário, para preservar "o direito à intimidade", do interessado.

É que, não se pode olvidar que, os processos de natureza disciplinar, cuja competência originária, para o julgamento, é aos tribunais deferida, envolvem sempre a figura de um magistrado que, no caso de um julgamento público, não tendo tido preservado o direito à intimidade — que só o sigilo poderia garantir — se e quando no julgamento venha a ser inocentado, terá, nada obstante, com a publicidade que se deu ao ato, visto o seu nome exposto, injustamente, à execração pública.

Assim, sem embargo, do silêncio, feito pelo legislador, quando da redação dada ao inciso X, do artigo 93, deve-se entender que quando do julgamento dos processos disciplinares, envolvendo magistrados, incide para aplicação, a regra do sigilo, destinado a preservar o direito à intimidade do interessado, prevista no inciso IX do artigo, desde que, não prejudique o interesse público à informação. *Ubi eadem ratio, idem jus.*

Por fim, a propósito da celeridade na prestação jurisdicional, pela Emenda Constitucional 45/2004, prometida, algumas considerações merecem ser feitas.

Como já foi dito anteriormente, a E.C. 45/2004 foi editada com o objetivo de, com a Reforma do Poder Judiciário, tornar a distribuição da justiça mais célere.

Tal foi a preocupação do legislador constituinte derivado em assegurar à sociedade, uma justiça rápida, que cuidou de erigir a garantia da celeridade na tramitação dos processos em direito fundamental, expressamente incluindo-a, no inciso LXXVIII — que foi pela Emenda ao artigo 5º da Carta Magna acrescido — ao elenco dos direitos e garantias fundamentais, originariamente no referido artigo contido.

Observe-se que, a celeridade prometida na norma que foi ao artigo 5º da C.F. acrescida (inciso LXXVIII), é abrangente dos processos de natureza judicial e administrativa, vendo-se que, no dispositivo citado, previu o legislador que a todos devem ser garantidos os meios capazes de tornar célere a tramitação dos processos e a possibilidade de sua conclusão dentro de prazo razoável.

Forçoso é reconhecer que, embora erigida em garantia fundamental, o que pressupõe a sua eficácia imediata, o dispositivo inserido no inciso LXXVIII do artigo 5º da Lei Maior, constitui, na verdade, norma meramente programática, dependendo, como de fato depende, para ser tornada efetiva, que o Estado assegure, como foi prometido na norma, os meios capazes de assegurar a celeridade proposta, pena de, como advertiu Sérgio Bermudes, vir, dita proposta, a cair no vazio, em um país, como o Brasil: "que dispõe de menos de um terço dos juízes que precisa, assessorados por uma infra-estrutura cartorária deficiente, agravado o quadro pela precariedade da postulação jurisdicional"... (A Reforma do Judiciário pela Emenda Constitucional 45, pg. 11).

Na visão de José Carlos Barbosa Moreira, todavia, não haveria na norma do inciso LXXVIII do artigo 5° da Constituição Federal, na realidade, uma disposição simplesmente programática, até porque, a proposta de celeridade, na prestação jurisdicional, não constituiria, a rigor, "uma novidade no ordenamento jurídico brasileiro, já que o Brasil é signatário da Convenção Interamericana de Direitos Humanos, o chamado Pacto de San José da Costa Rica, que cuidou dessa matéria, assegurando um prazo razoável para o dever de prestar jurisdição, por parte de todos os Estados signatários". (*Apud* "Reflexos da Emenda Constitucional n° 45/2004, no Processo Civil" — Estudo Jurídico publicado na Revista da EMERJ, vol. 8, n° 32/2005, pg. 31/44)

A proposta da distribuição de uma justiça mais rápida — como sempre desejou a sociedade — inspirou, por certo, o legislador constituinte derivado, ao acrescentar, ao artigo 5° da C.F, o inciso LXXVIII.

A idéia de uma prestação jurisdicional mais célere, como observou José Carlos Barbosa Moreira, vinha, aliás, nos tempos atuais, se revelando "preocupação quase obsessiva", parecendo mesmo ter constituído o objetivo principal da reforma: "como se esse fosse o único ponto digno de atenção em matéria de melhora da justiça e da atuação do Poder Judiciário" (*ib idem*, pg. 41).

A proposta de celeridade, na prestação jurisdicional, ai está, em texto constitucional.

Não é de hoje que a questão da celeridade na tramitação dos processos, para seu encerramento em prazo razoável, vem preocupando os operadores de direito.

Discorrendo sobre a matéria, Sérgio Ferraz, em bem lançado artigo, lembrou que: "Uma das idéias fixas do jurista de nossos tempos é a da consagração, e, na medida do possível, a delimitação do chamado prazo razoável". Preocupação, na verdade, plenamente justificada, levando em conta que — e é ainda o douto articulista quem anota — "tanto a Corte Européia, quanto a Corte Interamericana de Justiça, com base nos respectivos pactos fundamentais de direitos humanos, têm responsabilizado os Estados signatários, que não garantam efetivamente a solução dos conflitos de interesse, em prazo razoável, (entre nós americanos, a garantia em questão, está expressamente consagrada no artigo 8º, nº 2 do Pacto de S. José da Costa Rica)" — *Apud* Revista do Instituto dos Advogados Brasileiros — nº 92, Ano XXXIV, 2º Trimestre — 2000, pgs. 97/100.

É certo, porém, que vêm caminhando, em passos muito lentos, no Congresso Nacional, os Projetos de Lei necessários à agilização da Justiça, uma vez que, até agora só alguns deles se transformaram em leis (das quais as mais importantes são: Lei 11.187 de 19-10-05; Lei 11.232 de 22-12-05; Lei 11.276 de 07-02-06; Lei 11.277 de 07-02-06 e Lei 11.280 de 16-02-06), a respeito dos quais remetemos o leitor às considerações que fizemos, anteriormente, no Capítulo dedicado aos Juízes, quando abordamos os critérios para o seu recrutamento e a questão da celeridade na prestação jurisdicional.

Como considerações finais, vale registrar que a proposta de "razoável duração do processo", pelo menos na Justiça do Estado do Rio de Janeiro, já vem sendo às partes no processo garantida.

As estatísticas levantadas, recentemente, referentes ao ano de 2005, falam por si só, revelando que, no referido ano, nos Juizados Especiais (Cíveis e Criminais), foram julgados quatrocentos e noventa e dois mil, setecentos e treze processos e nos Juízos Cíveis e Criminais trezentos e oitenta e um mil, cento e cinqüenta e três processos, enquanto que, em Segunda Instância, as Câmaras Cíveis e Criminais do Tribunal de Justiça do Estado do Rio de Janeiro, julgaram o total de cento e onze mil, quinhentos e trinta e um processos, sendo ainda importante assinalar que os julgamentos foram realizados, pelo referido Tribunal, no prazo médio de cento e vinte e dois dias.

TRIBUNAIS COM NÚMERO SUPERIOR A VINTE E CINCO JULGADORES. POSSIBILIDADE DE CONSTITUIÇÃO DE ÓRGÃO ESPECIAL PARA O EXERCÍCIO DE ATRIBUIÇÕES ADMINISTRATIVAS E JURISDICIONAIS DA COMPETÊNCIA DO TRIBUNAL PLENO. COMPOSIÇÃO. CRÍTICA AO CRITÉRIO ESTABELECIDO PARA ESCOLHA DOS MEMBROS PELA EMENDA CONSTITUCIONAL 45/2004.

O legislador constituinte derivado, na E.C. 45/2004, ao dispor sobre os tribunais, repetiu, no inciso XI do art. 93, a previsão, já antes contida no referido dispositivo, que autorizava as Cortes de Justiça, com número superior a vinte e cinco julgadores, a constituir "órgão especial, com mínimo de onze e o máximo de vinte e cinco membros, para o exercício das atribuições administrativas e jurisdicionais delegadas da competência do tribunal pleno".

Ao texto original, todavia, acrescentou o legislador regra nova, a ser observada para a composição do referido Órgão, prevendo, agora, que metade das vagas no Órgão Especial sejam preenchidas por antiguidade e metade por eleição.

A novidade, na nossa visão, não estaria, contudo, a merecer aplauso.

Com efeito, erigido que foi, pela Constituição Federal, como espécie de órgão de cúpula dos tribunais, ao Órgão Especial é outorgada competência para decidir questões de alta relevância, envolvendo matéria de ordem administrativa e de natureza jurisdicional, dentre elas se alinhando as ações penais, que tenham como réus juízes; os processos administrativos para decretação da perda de cargo de magistrados, sua remoção compulsória, disponibilidade e aposentadoria, quando aplicadas como penalidades administrativas; os feitos em que se discuta a inconstitucionalidade de leis ou de atos normativos do Poder Público.

As questões submetidas ao referido Órgão, são, portanto, da maior importância e complexidade.

Assim sendo, é desejável que, aquele órgão de cúpula dos tribunais, seja composto pelos magistrados mais antigos da Corte, por isso mesmo, mais experientes no exercício da tarefa de distribuir justiça, com maturidade e conhecimentos jurídicos sedimentados no decorrer dos anos, pelo enfrentamento das questões jurídicas discutidas nos litígios, submetidos à sua decisão.

Não pensou, assim, porém, o legislador constituinte reformador, quando preferiu, com a E.C. 45/2004, introduzir alteração, ao inciso XI, do artigo 93, para prever a escolha, por eleição, a ser feita pelo Tribunal Pleno, de metade das vagas do Órgão citado.

A novidade, na nossa opinião, não consulta, na verdade, os reais interesses da justiça, porque, além de instalar, entre os membros dos tribunais, em cada Estado, um quadro de disputa política, vai criar problemas muito graves a serem resolvidos, sendo o mais sério — que só será solvido com a edição da lei complementar prevista no *caput* do art. 93 — o relacionado com os critérios a serem observados para a escolha dos membros que deverão integrar a metade das vagas, por assim dizer, rotativas, do Órgão.

O preenchimento da totalidade das vagas do Órgão Especial, como vinha sendo feita, com respeito ao critério da antiguidade, entendemos, porém, que consulta mais os interesses da Justiça.

É que, não se pode olvidar que antiguidade, como adverte Fernando Whitaker "é merecimento que o tempo traz", constituindo — como anota Joaquim Luiz Osório, pelo douto Fernando Whitaker citado — "presunção de maior competência, pela maior experiência de julgar" (O Sistema Constitucional Brasileiro, pg. 290).

De resto, não se pode olvidar os desdobramentos que irão decorrer da inovação, quando se tiver de apurar a antiguidade dos membros do tribunal para os cargos de direção da Corte, que, necessariamente, terão de ser ocupados pelos magistrados mais antigos.

De outro lado, entendemos que a regra nova, instituída no inciso XI, do art. 93 da C.F., pela E.C. 45/2004, quando prevê eleição, pelo Tribunal Pleno, para a metade das vagas do Órgão Especial não seria auto-aplicável, constituindo, na verdade, matéria a ser tratada em lei complementar (Estatuto da Magistratura), que, quando sobre a referida matéria tiver de dispor, há de ter presente o respeito devido ao direito dos membros do Órgão Especial atualmente ocupantes das vagas.

Não pensa assim, porém, o douto constitucionalista Nagib Slaibi Filho, que entende estar a norma do inciso XI, do art. 93 da C.F. — com a redação que lhe deu a Emenda 45/2004 — em condições de ser imediatamente aplicada, sem a necessidade da edição de lei complementar, para a normatização da matéria, sustentando mais que, com relação às vagas cujo preenchimento deva ser feito por meio de eleição, a escolha deve ser repetida periodicamente: "pois a idéia da perpetuidade de mandato é incompatível não só com a contemporaneidade e responsabilidade que caracterizam o regime republicano, como da própria expressão constitucional em comento, desacolhendo o direito pátrio a delegação perpétua". (*apud* "O Órgão Especial na Reforma da Justiça — Estudo Jurídico publicado na Revista da Emerj, vol. 8, nº 31/2005, pgs. 35/50)

A temporaneidade da ocupação de vagas no Órgão Especial, pelos membros escolhidos por meio de eleição, contudo, não nos parece, *venia concessa*, proposta adequada, até porque irá instituir, no mais elevado órgão do tribunal, um sistema de rotatividade gerador, inclusive, de dificuldade para a formação da jurisprudência.

É que inimaginável é conceber-se — em nome de uma rotatividade que, de forma alguma, pode consultar aos interesses da Justiça — o afastamento, do Órgão Especial, de membro que foi para ele eleito, pena de clara desconsideração a garantia constitucional, qual seja, a garantia da inamovibilidade, aos magistrados assegurada no artigo 95, II da Constituição Federal, que, a rigor, só pode ser afastada no caso previsto no artigo 93, VIII da mesma Constituição, ou seja, quando a remoção tiver lugar como pena, aplicada em processo disciplinar, sempre presente o interesse público.

Mais aceitável, se nos afigura, a posição que tem sobre a matéria Sérgio Bermudes, forte a sustentar que, uma vez escolhidos por eleição, os membros do Órgão Especial "permanecerão nos cargos até o seu afastamento do tribunal, por aposentadoria ou outro motivo." ("A Reforma do Judiciário pela Emenda Constitucional nº 45/2004", pg. 35).

PODER JUDICIÁRIO. AUTONOMIAS ADMINISTRATIVA E FINANCEIRA VISTAS COMO GARANTIAS CONSTITUCIONAIS. ARTIGO 99 DA CONSTITUIÇÃO FEDERAL DE 1988. ALTERAÇÕES INTRODUZIDAS PELA EMENDA CONSTITUCIONAL 45/2004.

Como já se registrou anteriormente, a Carta Magna de 1988, assegurou, em seu artigo 99, ao Poder Judiciário, autonomia administrativa e financeira.

A concessão, ao Poder Judiciário, em texto constitucional de tais garantias, representou, sem dúvida, para o referido Poder, verdadeira conquista, constituindo apanágio de sua independência.

A autonomia administrativa, como expressamente previsto nos §§ 1° e 2°, incisos I e II do artigo 99 da Lei Maior, foi ao Poder Judiciário assegurada, quando garantida foi, ao referido Poder, a feitura de seu próprio orçamento, em harmonia com os demais Poderes, observados os limites fixados na Lei de Diretrizes Orçamentárias, sempre ouvidos os outros tribunais interessados.

No texto constitucional em referência, previu-se, então, que o encaminhamento da proposta orçamentária há de ser feito: no âmbito da União, pelos Presidentes do

Supremo Tribunal Federal e demais Tribunais Superiores, após prévia aprovação dos respectivos tribunais, e, no âmbitos dos Estados, Distrito Federal e Territórios pelos Presidentes dos Tribunais de Justiça, também após prévia aprovação daqueles tribunais.

Às disposições originariamente contidas no artigo 99, acrescentou, o legislador constituinte reformador, com a Emenda Constitucional 45/2004, três parágrafos (§§ 3°, 4° e 5°), estabelecendo providências, a serem observadas, se e quando as propostas orçamentárias não forem, no prazo estabelecido em lei, encaminhadas, ou o sejam em desacordo com os limites da lei de diretrizes orçamentárias, por fim, registrando expressa proibição da realização de despesas, ou assunção de obrigações, que transponham os limites da lei citada, salvo havendo expressa autorização, e, estando as despesas garantidas pela abertura de créditos suplementares.

Mercê da autonomia administrativa, que ao Poder Judiciário foi concedida, aos tribunais conferida foi competência privativa para eleger os seus órgãos diretivos; elaborar seus regimentos internos; dispor sobre a competência e funcionamento dos órgãos jurisdicionais e diretivos; organizar suas secretarias e serviços auxiliares e os dos juízos que lhes forem vinculados; prover os cargos de juiz de carreira da respectiva jurisdição; propor a criação de novas varas judiciárias; prover, por concurso público de provas ou de provas e títulos os cargos da administração da justiça, exceto os definidos em lei como de confiança; conceder licenças, férias e outros afastamentos a seus membros e servidores (art.96, inciso I, alíneas a a f).

De outro lado, ao Supremo Tribunal Federal, aos Tribunais Superiores e aos Tribunais de Justiça, conferida foi competência para propor, ao Poder Legislativo: alteração do número de membros dos tribunais inferiores; a criação e extinção de cargos; remuneração de seus serviços auxiliares e dos juízos que lhes forem vinculados; fixação do subsídio de seus membros e dos juízes, inclusive dos tribunais inferiores; alteração da organização e divisão judiciárias e julgamento dos juízes estaduais e do Distrito Federal e Territórios, bem como dos membros do Ministério Público, nos crimes comuns e de responsabilidade, salvo os de competência da Justiça Eleitoral (artigo 96, II, alíneas a, b, c e d e inciso III).

Já a autonomia financeira, foi ao Poder Judiciário garantida, com a inserção, na Carta Magna, de medidas assecuratórias da execução de seus orçamentos, para tal estabelecendo, a Constituição Federal, em seu artigo 168, que os recursos necessários ao cumprimento dos orçamentos — não só do Poder Judiciário, como do Ministério Público e do Poder Legislativo — hão de lhes ser entregues até o dia vinte de cada mês, na forma da Lei Complementar, na qual explicitadas devem ser: as regras, a serem observadas, no exercício financeiro; a vigência; os prazos; a elaboração do plano plurianual; da lei de diretrizes orçamentárias e da lei orçamentária anual, e, estabelecidas as normas de gestão financeira e patrimonial da administração direta e indireta, além das condições para instituição e funcionamento de fundos (artigo 165, § 9º, incisos I e II da C.F.)

De outro lado, atenta à imperiosa necessidade de assegurar o cumprimento das decisões judiciais, previu, a Constituição Federal, a inclusão obrigatória nos orçamentos das entidades de direito público, das verbas necessárias ao pagamento de débitos oriundos de sentenças transitadas em julgado, representados por precatórios judiciais, determinando que sejam eles apresentados até primeiro de julho e pagos até o final do exercício seguinte, dispensada a observância da ordem cronológica com relação aos créditos de natureza alimentar e os de pequeno valor (artigo 100 e seus §§ da Constituição Federal).

De anotar-se, contudo, que, com a introdução feita pela E.C. nº 30/2000, do artigo 78 ao Ato das Disposições Constitucionais Transitórias, estabeleceu o legislador constituinte critérios e prazos para o pagamento dos precatórios destinados ao cumprimento das decisões judiciais, prazos esses que reputamos altamente atentatórios à autonomia e independência do Poder Judiciário, uma vez que, praticamente, oficializaram o "calote", no pagamento dos débitos da Fazenda Pública, pendentes à data da promulgação da Emenda e os referentes a ações ajuizadas até 31-12-99, já que fixados foram prazos de até dez anos, para o pagamento de precatórios representativos de tais débitos, em prestações anuais, inclusive, deixando a critério do credor a decomposição das parcelas (artigo 78, § 1º), não se inserindo, porém, no texto constitucional, qualquer previsão destinada a coibir a responsabilidade da Fazenda, no caso de desobediência aos prazos fixados para os pagamentos, nada obstante, tendo-se tido o cuidado de, no § 6º do artigo 100, prever a responsabilidade do Presidente do Tribunal que "por ato comissivo ou omissivo retardar ou tentar frustrar a liquidação regular do precatório".

Se, realmente, o legislador constituinte, estivesse preocupado em imprimir celeridade, também, para satisfação dos débitos oriundos de decisões judiciais, deveria ter aproveitado a oportunidade, da edição da Emenda Constitucional 45/2004, para corrigir as distorções apontadas.

Com os §§ 3º, 4º e 5º, introduzidos, pela E.C. 45/2004, ao artigo 99 da C.F., preferiu, porém, o legislador constituinte reformador limitar-se a incluir previsões que, respectivamente, autorizam ao Poder Executivo: a) no caso de não serem as propostas orçamentárias encaminhadas pelos tribunais dentro do prazo estabelecido na lei de diretrizes orçamentárias, considerar — para fins de consolidação da proposta orçamentária anual — os valores aprovados na proposta vigente, ajustados de acordo com os limites estabelecidos no § 1º do artigo 99, ou sejam, os estipulados conjuntamente com os demais Poderes e a lei de diretrizes orçamentárias; b) proceder ao ajuste das propostas orçamentárias, que estiverem em desacordo com os limites já citados, proibida, durante a execução orçamentária do exercício, a realização de despesas ou a assunção de obrigações, que ultrapassem os limites estabelecidos na lei de diretrizes orçamentárias, exceção aberta para aquelas que tenham sido previamente autorizadas, mediante a abertura de créditos suplementares ou especiais.

SUPREMO TRIBUNAL FEDERAL. COMPOSIÇÃO. CRITÉRIOS PARA A ESCOLHA DE SEUS MEMBROS. COMPETÊNCIA. ALTERAÇÕES INTRODUZIDAS PELA EMENDA CONSTITUCIONAL 45/2004.

O Supremo Tribunal Federal, que recebeu, na Carta Magna de 1988, a missão precípua da guarda da Constituição (artigo 102, *caput*), como previsto no § único do artigo 92, tem a sua sede na Capital Federal e jurisdição em todo o território nacional. Sobre a sua composição, critério para a escolha de seus membros, definição de sua competência, além do reconhecimento do efeito vinculante produzido por suas decisões de mérito, em matéria constitucional, dispôs o legislador constituinte originário, nos artigos 101 e seu parágrafo único e 102.

No artigo 101 e seu parágrafo único — que não foram pela E.C. 45/2004 alterados — cuidou o legislador da composição do Tribunal; fixou o número de seus membros (onze ministros), prevendo que a escolha destes deve ser feita dentre cidadãos com mais de trinta e cinco e menos de sessenta e cinco anos, de notável saber jurídico e reputação ilibada, sendo a nomeação ato do Presidente da República, após a aprovação da escolha pela maioria absoluta do Senado Federal.

O critério de escolha dos membros da Corte Suprema, como concebido no artigo 101 e seu parágrafo único da Carta Magna, revestido de nítida conotação política, merecia, contudo, ter sido revisto, em homenagem ao princípio constitucional da tripartição dos Poderes e à absoluta independência que, como previsto no artigo 2º da mesma Carta, entre os referidos Poderes deve existir no Estado Democrático de Direito.

Para garantir tal independência, seria importante, então, conferir-se ao próprio Supremo Tribunal Federal a escolha de seus membros, a ser feita, preferentemente, dentre os magistrados de carreira, com experiência sedimentada na aplicação da lei, reservadas, naturalmente, as vagas do quinto constitucional, destinadas ao Ministério Público e aos advogados.

A observância de tal critério na composição do Tribunal Maior do país teria o talento de garantir, para a sociedade brasileira, um órgão de cúpula do Poder Judiciário, absolutamente afastado de embates políticos e do casuísmo das indicações, em que a magistratura de carreira seria, então, prestigiada, a exemplo dos modelos adotados, dentre outros países, pela Itália, Uruguai e Chile, em que a maioria dos membros das respectivas Cortes Superiores, são oriundos da magistratura, a propósito valendo lembrar as considerações feitas pelo Juiz Jorge Antonio Maurique, Presidente da Associação dos Juízes Federais, em artigo publicado em 06-01-06, no Jornal Folha de São Paulo, a observar que, no Chile, por exemplo, dos vinte e um membros de sua Corte Suprema, quinze vieram da magistratura de carreira.

No inciso I do artigo 102 da Lei Maior (com as alterações introduzidas pelas Emendas Constitucionais 03/93, 22/99 e 23/99), estabelecida foi a competência da Corte Suprema para processar e julgar originariamente: a) a ação direta de inconstitucionalidade e lei ou ato normativo federal ou estadual e a ação declaratória de constitucionalidade, quando em discussão lei ou ato normativo federal; b) as infrações penais cometidas pelo Presidente da República, Vice-Presidente, Membros do Congresso Nacional, pelos próprios Ministros do Tribunal e pelo Procurador Geral da República; c) as infrações penais comuns e os crimes de responsabilidade praticados pelos Ministros de Estado, Comandantes da Marinha, do Exército e Aeronáutica — com exceção dos crimes de responsabilidade conexos com os cometidos pelo Presidente e Vice-Presidente da República, em que a competência é do Senado Federal (art. 52, I) — e bem assim os cometidos pelos membros dos Tribunais Superiores, do Tribunal de Contas da União e pelos chefes de missão diplomática de caráter permanente, d) o *habeas corpus*, quando paciente qualquer das pessoas referidas nas alíneas anteriores; o mandado de segurança e o *habeas data* contra atos do Presidente da República; das Mesas da Câmara dos Deputados e do Senado Federal, do Tribunal de Contas da União; do Procurador-Geral da República e do próprio Supremo Tribunal Federal; e) o litígio entre Estado estrangeiro ou organismo internacional e a União, o Estado, o Distrito Federal ou o Território.

Deferiu-se, ainda, ao Supremo Tribunal Federal, no inciso I do artigo 102, competência originária para: f) processo e julgamento das causas e os conflitos entre a União e os Estados; a União e o Distrito Federal ou entre uns e outros, inclusive as respectivas entidades da administração indireta; g) a extradição solicitada por Estado estrangeiro; h) o pedido de homologação das sentenças estrangeiras e a concessão de *exequatur* às cartas rogatórias, admitida a transferência da competência ao Presidente do Tribunal, quando prevista no Regimento Interno; i) o *habeas corpus*, quando coator for o próprio Tribunal Superior, ou coator, ou paciente, for autoridade ou funcionário, cujos atos estejam sujeitos, diretamente, à jurisdição do S.T.F., ou, ainda, quando se trate de crime sujeito à mesma jurisdição, em única instância; j) a revisão criminal e a ação rescisória de seus julgados; l) a reclamação para preservação da competência do Supremo Tribunal Federal e garantia da autoridade de suas decisões; m) a execução de sentença, proferida em causa de competência originária do tribunal, neste caso, sendo possível a delegação para a prática de atos de natureza processual; n) a ação em que todos os membros da magistratura sejam direta ou indiretamente interessados, e, aquela em que mais da metade dos membros do tribunal de origem estejam impedidos ou sejam direta ou indiretamente interessados; o) os conflitos de competência entre o Superior Tribunal de Justiça e quaisquer tribunais, entre Tribunais Superiores, ou entre estes e qualquer outro tribunal; p) o pedido de medida cautelar nas ações diretas de inconstitucionalidade; q) o mandado de injunção, quando a elaboração da norma regulamentadora for atribuição do Presidente da República, do Congresso Nacional, da Câmara dos Deputados, do Senado Federal, da Mesa de uma dessas Câmaras Legislativas, do Tribunal de Contas da União, de um dos Tribunais Superiores ou do próprio Supremo Tribunal Federal.

Da competência recursal, tratou o legislador constituinte originário na C.F. de 1988, no inciso II do artigo 102, reconhecendo-a presente para o julgamento, em recurso ordinário: a) o *habeas corpus*, o mandado de segurança, o *habeas data* e o mandado de injunção, decididos em única instância, pelos Tribunais Superiores, quando denegatória tiver sido a decisão; b) o crime político.

No inciso III, alíneas a, b e c do artigo 102, previu a Carta de 1988, a competência do Supremo Tribunal Federal para o julgamento de recurso extraordinário, interposto em causas decididas em única ou última instância, quando a decisão recorrida: a) haja contrariado dispositivo constitucional; b) tenha declarado a inconstitucionalidade de tratado ou lei federal; c) julgado válida lei ou ato do governo local, contestado em face da Constituição.

Finalmente, nos §§ 1º e 2º do artigo 102, respectivamente, prevista foi a competência do Supremo Tribunal Federal para conhecer de argüição de descumprimento de preceito fundamental, decorrente da Constituição, proclamando-se a eficácia vinculante — em relação aos demais Órgãos do Poder Judiciário e ao Poder Executivo — das decisões definitivas de mérito, proferidas pelo Supremo Tribunal Federal, nas ações diretas de constitucionalidade de lei ou de ato normativo federal.

Ao editar a Emenda Constitucional 45/2004, que manteve, sem qualquer alteração, o *caput* do artigo 101 e seu parágrafo único e as alíneas a a g e i a q do inciso I do artigo 102 da Carta Magna, preocupado em inovar, introduziu o legislador constituinte derivado, no texto constitucional, algumas alterações à competência daquele Tribunal Superior, nem sempre, contudo, tendo sido feliz nas inovações realizadas, sendo lamentável que haja desprezado a oportunidade de alterar o parágrafo único do artigo 101 — que dispõe sobre o sistema de escolha dos Ministros da Corte Superior — de modo a compatibilizá-lo com o princípio constitucional da independência dos Poderes (artigo 2º da C.F.), outorgando, ao Supremo Tribunal Federal, competência para a escolha de seus membros.

Dentre as alterações introduzidas pela E.C. 45/2004, à competência originária do Supremo Tribunal Federal, tem-se que, com a revogação feita da alínea h do inciso I do artigo 102 da Carta Federal, já não é mais do Supremo Tribunal Federal a competência para a homologação de sentenças estrangeiras e a concessão de *exequatur* às cartas rogatórias, tendo sido, dita competência, transferida para o Superior Tribunal de Justiça (art.105, I, i).

De outro lado, com o acréscimo que se fez da alínea r ao inciso I do artigo 102 da C.F. de 1988, na competência originária do Supremo Tribunal Federal incluiu-se o processo e julgamento de ações movidas contra o Conselho Nacional de Justiça e o Conselho Nacional do Ministério Público, que foram pela E.C. 45/2004 criados.

Outrossim, nos limites da competência recursal do Supremo Tribunal Federal, por força da alínea d, acrescida ao inciso III do artigo 102, ao referido Tribunal deferiu-se, agora, competência para conhecer de recurso extraordinário, interposto em causas decididas, em única ou última instância, também, quando a decisão recorrida houver julgado válida lei local contestada em face de lei federal.

Essa alteração de competência, na nossa visão, todavia, estaria a merecer crítica, parecendo-nos ter sido de grande infelicidade e atecnia.

Com efeito, como é sabido, anteriormente, a competência do STF, para o julgamento de recurso extraordinário, estava estabelecida no artigo 102 na Carta de 1988, para os seguintes casos: quando a decisão recorrida tivesse contrariado dispositivo da Constituição (inciso III, a); declarado inconstitucional tratado ou lei federal (inciso III, b) ou julgado válida lei ou ato do governo local, contestado em face da Constituição (art.102, III, a, b, c).

Como anotou, com a precisão de sempre, Maria Stella V.S. Lopes Rodrigues, em sua obra "Recursos da Nova Constituição", a Carta Magna de 1988, previu, originariamente, a discussão, em Recurso Extraordinário, de "tema constitucional, deixada a questão federal, que tanto o agitou frente à ordem precedente, para o Egrégio Superior Tribunal de Justiça, através de Recurso Especial" (obra citada, pg. 18).

E acrescentou a douta jurista, assim dispôs a Carta Magna na C.F. 88, levando em conta — como, preleciona o douto Barbosa Moreira, que a finalidade precípua do recurso extraordinário outro não é "senão a de assegurar a inteireza positiva, a validade, a autoridade e a uniformidade de interpretação da Constituição" (*Ibidem*, pg. 17).

A novidade introduzida, na nossa opinião, além de ter prestado o desserviço de distanciar, cada vez mais, o Tribunal Maior do país, da característica, que sempre se desejou pudesse o mesmo ter, de um verdadeiro Tribunal Constitucional, ademais, ao permitir a discussão, em sede de recurso extraordinário, de questão envolvendo validade de lei local contestada em face de lei federal, na nossa opinião, guardaria antinomia em relação à norma do § 3º, do artigo citado, claro a exigir, como pressuposto para o cabimento do recurso extraordinário, que se demonstre "a repercussão geral das questões constitucionais discutidas no caso", a afastar conseqüentemente toda e qualquer discussão que diga respeito a violação de lei federal.

A competência do STF foi ainda alterada, pela E.C. 45/04, quando, com a nova redação dada, ao inciso II do artigo 52 da C.F. de 88, incluiu-se na competência do Tribunal Maior, para o julgamento nos crimes de responsabilidade, além dos Ministros do STF, Procurador-Geral da República e Advogado-Geral da União, os membros do Conselho Nacional de Justiça e do Conselho Nacional do Ministério Público, órgãos que foram pela citada Emenda criados.

Dita inclusão, na nossa opinião, não pareceu adequada pelo fato de, os referidos Conselhos, terem em sua composição pessoas absolutamente estranhas ao Poder Judiciário e ao Ministério Público, (como se vê dos incisos XII e XIII do artigo 103-B da C.F.), que irão ter garantido, assim, foro privilegiado.

Pela mesma razão, merecedor de crítica é o acréscimo feito pela Emenda 45/2004 da alínea r, ao inciso I do art. 102 da C.F., que atribuiu competência, ao Supremo Tribunal Federal, para o processo e julgamento de ações propostas contra os Conselhos precitados.

Por fim, merece registro a alteração introduzida pela E.C. 45/2004, ao inciso III do artigo 36 da Constituição Federal, em virtude da qual a decretação da intervenção federal, requerida pelo Procurador-Geral da República, com fundamento no art. 34, inciso VII da mesma Constituição, ou em caso de recusa à execução de lei federal, depende, agora, de provimento, pelo Supremo Tribunal Federal e não mais pelo Superior Tribunal de Justiça, como antes estava estabelecido.

A Emenda 45/2004, alterou, ainda, o § 2º do artigo 102 da Constituição Federal, tendo, agora, o cuidado de declarar que, as decisões definitivas de mérito, proferidas pelo Supremo Tribunal Federal, nas ações diretas de inconstitucionalidade e nas ações declaratórias de constitucionalidade produzirão eficácia, contra todos e efeito vinculante, não só em relação aos demais órgãos do Poder Judiciário, como também, no que diz respeito à administração pública direta e indireta, nas esferas federal, estadual e municipal.

Outrossim, ao artigo 102, acrescentou a E.C. 45/2004, o § 3º, expressamente exigindo agora que, quando da interposição de recurso extraordinário, demonstre o recorrente, nos termos da lei, "a repercussão geral das questões constitucionais discutidas no caso", de modo a permitir que o Tribunal possa fazer, com segurança, o juízo de admissibilidade do recurso, para cuja recusa fixou o *quorum* qualificado de dois terços dos membros do Tribunal.

A propósito da expressão: "nos termos da lei", pelo legislador inserida no dispositivo *sub oculi*, impende registrar que parece ela deixar claro que a norma do § 3º do artigo 102 não é auto-aplicável, dependendo, antes, da edição de lei ordinária para sua regulamentação, que, entendemos, não poderá ser feita simplesmente por disposição regimental.

De qualquer forma, nítida parece se encontrar, desde logo, no dispositivo referido, a preocupação do legislador, no sentido de exigir, como pressuposto para a admissão do recurso extraordinário, a demonstração não apenas da relevância da questão constitucional debatida no recurso, mas a sua repercussão geral, para que se possa avaliar, como bem anotou Sérgio Bermudes, em que medida "o quanto nele se decidir alcançará outras situações semelhantes, ou contribuirá para a solução uniforme da questão constitucional em causa". (A Reforma do Poder Judiciário pela Emenda Constitucional nº 45, pg. 55)

Essa exigência, contudo, já à época da discussão da PEC, que deu origem à E.C. 45/2004, mereceu dos constitucionalistas severa crítica, sob a consideração de que, a exigência da demonstração da existência da repercussão geral da questão constitucional, debatida no recurso extraordinário, será, como advertiu, José Saulo Pereira Ramos "uma afetada filigrana, mas que será usada fartamente, pelos Tribunais Superiores, para o não conhecimento dos recursos", do que irá resultar, acrescenta o douto jurista, passar a ser, o nosso país: "o único do mundo juridicamente civilizado, a admitir a validade de lesão inconstitucional, ou legal, por não ultrapassar a pessoa da vítima, negando, assim, a garantia fundamental dos direitos individuais" (Anais do Congresso "Poder Judiciário. A Reforma do Século" — publicação da Escola Paulista da Magistratura, pg. 77).

Finalmente, impende ainda registrar que, a Emenda Constitucional 45/2004, alterando o artigo 103 da Carta Magna, assegurou *legitimatio* para a propositura não apenas da ação direta de inconstitucionalidade, como também da ação declaratória de constitucionalidade, à Mesa da Câmara Legislativa do Distrito Federal e ao Governador do Distrito Federal, corrigindo, assim, omissão que se observava nos incisos IV e V do artigo citado, cuidando, outrossim, de revogar o § 4º do artigo 103, que tinha como legitimados para declaratória de constitucionalidade, apenas, o Presidente da República, a Mesa do Senado Federal, a Mesa da Câmara dos Deputados e o Procurador-Geral da República.

SÚMULA VINCULANTE. APROVAÇÃO PELO SUPREMO TRIBUNAL FEDERAL, APÓS REITERADAS DECISÕES SOBRE MATÉRIA CONSTITUCIONAL. REPERCUSSÃO. REVISÃO E CANCELAMENTO POR INICIATIVA DO TRIBUNAL.

A Emenda Constitucional 45/2004, em seu artigo 2º, acrescentou à Seção II do Capítulo III da Carta Magna, dedicada ao Supremo Tribunal Federal, os artigos 103-A, com três parágrafos e 103-B, com sete parágrafos e diversos incisos, no primeiro dos artigos tendo tratado da súmula vinculante e no último do Conselho Nacional de Justiça — na nossa visão impropriamente, porque ao lado de disposições dedicadas ao Supremo Tribunal Federal — o que parece, todavia, explicado pela inclusão feita, com absoluta atecnia, no inciso I-A do artigo 92, do citado Conselho, como órgão do Poder Judiciário.

Neste capítulo, iremos tratar apenas da súmula vinculante. Sobre o Conselho Nacional da Justiça discorreremos mais adiante.

Como já se viu anteriormente, o legislador constituinte no § 2º do artigo 102, atribuiu efeito vinculante às decisões definitivas de mérito do Supremo Tribunal Federal, quando proferidas nas ações diretas de inconstitucionalidade e declaratórias de constitucionalidade, o que se compreende, na medida em que, ditas decisões, estão sendo proferidas em controle direto da constitucionalidade de lei, feito pelo Tribunal Maior.

A aprovação, pelo Supremo Tribunal Federal, de súmula vinculante, como previsto no artigo 103-A da C.F., não tem, contudo, como pressuposto, decisões definitivas de mérito, daquela Corte, proferidas quando de controle direto da constitucionalidade de lei, sendo admitida a sua edição, quando se estiver diante de "reiteradas decisões sobre matéria constitucional", e, o texto da súmula for aprovado por dois terços dos membros do Tribunal, passando, então, a ter efeito vinculante, em relação aos demais Órgãos do Poder Judiciário e à administração pública direta e indireta, nas esferas federal, estadual e municipal.

O objetivo da súmula, di-lo o § 1° do artigo 103-A, é o de assentar entendimento a respeito da "validade, a interpretação e a eficácia de normas determinadas, acerca das quais haja controvérsia atual, entre órgãos judiciários ou entre esses e a administração pública, que acarrete grave insegurança jurídica e relevante multiplicação de processos sobre questão idêntica".

Uma vez aprovada — como previsto na parte final do *caput* do artigo 103-A — pode a súmula ser revista ou cancelada, na forma que for estabelecida em lei.

Legitimados para a iniciativa da aprovação revisão ou cancelamento da súmula estão, como expressamente estabelecido no § 2° do artigo citado, "aqueles que podem propor a ação direta de inconstitucionalidade" (vide artigo 103, incisos I a IX da C.F.).

As expressões: "na forma estabelecida em lei" e "sem prejuízo do que vier a ser estabelecido em lei", inseridas, respectivamente, no *caput* do artigo 103-A e no § 2º do referido artigo, deixam claro que, ditos dispositivos, não são auto-aplicáveis, dependendo de edição de lei para sua regulamentação.

Quanto às atuais súmulas do Supremo Tribunal Federal, previsto ficou, no artigo 8º da E.C.45/2004, só produzirão efeito vinculante após a sua confirmação por dois terços dos membros do Tribunal e depois da devida publicação na imprensa oficial.

Do ato administrativo ou decisão judicial, que vier a contrariar súmula ou que indevidamente a aplique, caberá, como previsto no § 3º do artigo 103-A, reclamação para o Supremo Tribunal Federal, que, "julgando-a procedente, anulará o ato administrativo ou cassará a decisão judicial reclamada e determinará que outra seja proferida, com ou sem aplicação da súmula, conforme o caso".

Sustenta-se que, com a edição das súmulas vinculantes, a prestação jurisdicional tornar-se-á mais célere, desafogando os tribunais, atualmente assoberbados de processos.

Juristas notáveis, contudo, quando ainda em discussão se encontrava o projeto da E.C. 45/2004, criticaram a proposta inovadora, vendo o efeito vinculante da súmula — como anotou o douto José Saulo Pereira Ramos, em debate sobre a Reforma do Poder Judiciário, de que participou em junho de 1999 — "como exterminador do juiz natural", advertindo para o "perigo da jurisprudência estática, quanto à mumificação de certas interpretações, sobretudo pela semelhança com os velhos assentos da Casa da Suplicação, ao tempo das Ordenações, que ditavam a inteligência das leis em caráter perpétuo". (*Apud* "Poder Judiciário. A Reforma do Século" — Anais do Congresso. Publicação da Escola Paulista da Magistratura, pgs. 69/70)

Com essas judiciosas observações, manifestamos nossa inteira concordância.

Com efeito, como é sabido, o Brasil é um país cujo direito tem tradição romanística.

Nos países de *civil law*, como assinala Mauro Cappelletti, embora, de fato, "a autoridade da jurisprudência seja maior, mais visível, mais dramática, não existe regra formal de obediência aos precedentes judiciários, comparável ao *stare decisis*, adotado nos países de *common law* (*Il Potere Dei Giudicci* — pgs. 104/105).

Essa regra formal, com a criação da figura da Súmula Vinculante, pela E.C. 45/2004, vai ser aplicada, no Brasil, portanto, com absoluta impropriedade, com o risco de conduzir o direito a verdadeiro imobilismo, transformando juízes em meros seguidores da regra *stare decisis*.

A propósito, mais recentemente, José Carlos Barbosa Moreira, com a autoridade de sempre e admirável precisão, em excelente estudo jurídico publicado, formulou, a respeito da Súmula Vinculante, algumas observações críticas, considerando importante que se questione: "em que medida é realmente desejável que um órgão superior fixe o entendimento a ser adotado, de maneira uniforme, pelos outros órgãos judiciais, na aplicação deste, ou daquele texto legal", advertindo para o risco de vir a se instalar um quadro de "imobilismo jurisprudencial", lembrando, com relação à jurisprudência, a necessidade de "reservar a esta a margem de flexibilidade de que necessita, para ajustar-se à realidade cambiante do mundo exterior", por fim, revelando sua descrença quanto aos benefícios que da Súmula Vinculante poderão advir, alertando que, em sua opinião, "roça pela imprudência apostar muito alto no bom sucesso da mudança" (*Apud* Revista de Direito do Tribunal de Justiça do Estado do Rio de Janeiro, nº 64/2005, pgs 27/38).

Aguardemos, pois, os desdobramentos que a aplicação das súmulas vinculantes, que vierem a ser editadas, produzirão para a prestação jurisdicional, traduzidos, teme-se, no risco da robotização dos julgamentos, suprimindo a possibilidade do reexame que, em certos casos seria importante, de questões constitucionais, a respeito das quais haja o Tribunal Maior consolidado entendimento, fruto, eventualmente, de uma posição mais política do que jurídica.

CONSELHO NACIONAL DE JUSTIÇA. NATUREZA DO ÓRGÃO. COMPOSIÇÃO. INICIATIVA PARA A ESCOLHA DE SEUS MEMBROS. COMPETÊNCIA, ATRIBUIÇÕES E FUNÇÕES. OUVIDORIAS DE JUSTIÇA.

A Emenda Constitucional 45/2004, alterou o artigo 92 da Constituição Federal, a ele acrescentando o inciso I-A, que incluiu, no elenco dos Órgãos do Poder Judiciário, o Conselho Nacional de Justiça.

O acréscimo, assim feito, porém, está a merecer severa crítica, inadequado que foi o posicionamento, ao lado dos Tribunais do país e dos Juízes dos Estados e do Distrito Federal, de um órgão que tem, em sua composição, pessoas absolutamente estranhas à magistratura. É difícil, mesmo, conceber-se, como órgão do Poder Judiciário, um Conselho, ao qual o texto constitucional não atribuiu — e nem isso seria, evidentemente, possível — função jurisdicional, sabidamente privativa do referido Poder (artigo 5°, XXXV da C.F.), órgão esse que foi, na verdade, concebido com a única missão de exercer, sobre o Poder Judiciário, controle, com clara violação aos princípio constitucional da tripartição dos Poderes.

Com efeito, como se lê do *caput* do artigo 103-B e seus incisos I a XIII, o Conselho Nacional de Justiça tem a sua composição assim definida: quinze membros, com mais de trinta e cinco anos e menos de sessenta e seis anos de idade, cujo mandato terá a duração de dois (2) anos, admitida uma recondução, sendo: I — um Ministro do Supremo Tribunal Federal, indicado pelo respectivo Tribunal; II — um Ministro do Superior Tribunal de Justiça, indicado pelo respectivo Tribunal; III — um Ministro do Tribunal Superior do Trabalho, indicado pelo respectivo Tribunal; IV — um desembargador de Tribunal de Justiça, indicado pelo Supremo Tribunal Federal; V — um juiz estadual, indicado pelo Supremo Tribunal Federal; VI — um juiz do Tribunal Regional Federal, indicado pelo Superior Tribunal de Justiça; VII — um juiz federal, indicado pelo Superior Tribunal de Justiça; VIII — um juiz do Tribunal Regional do Trabalho, indicado pelo Tribunal Superior do Trabalho; IX — um juiz do trabalho, indicado pelo Tribunal Superior do Trabalho; X — um membro do Ministério Público da União, indicado pelo Procurador-Geral da República; XI — um membro do Ministério Público estadual, escolhido pelo Procurador-Geral da República, dentre os nomes indicados pelo órgão competente de cada instituição estadual; XII — dois advogados, indicados pelo Conselho Federal da Ordem dos Advogados do Brasil; XIII — dois cidadãos de notável saber jurídico e reputação ilibada, indicados um pela Câmara dos Deputados e outro pelo Senado Federal.

Para instalação do Conselho, fixou o legislador constituinte, no artigo 5°, *caput* da E.C. 45/2004, o prazo de cento e oitenta dias, determinando que, a escolha de seus membros, tivesse lugar até trinta dias antes do termo final daquele prazo, no § 1º do artigo tendo repetido a previsão — já no § 3º do artigo 103-B feita — de que não efetivadas as escolhas ou indicações, no prazo assinado, ao Supremo Tribunal Federal caberia realizá-las.

Em outro dispositivo (art.102, I, alínea r), o legislador constituinte previu que, as ações que forem ajuizadas contra o Conselho Nacional de Justiça, deverão ser, pelo Supremo Tribunal Federal, processadas e julgadas originariamente, dando, assim, resposta à séria indagação que a todos preocupava: *Quis Custodes Custodiet?* (Mauro Cappelletti "*Il Potere Dei Giudici*").

De outro lado, no § 2º do artigo 5º, outorgou o legislador constituinte competência, ao Conselho, para — enquanto não tenha entrado em vigor o Estatuto da Magistratura — editar resolução, disciplinando o funcionamento do órgão e definindo as atribuições do Ministro-Corregedor.

No § 1º do artigo 103-B, previu-se que o Conselho será presidido por Ministro do Supremo Tribunal Federal, indicado como explicitado no inciso I do artigo, que ficará excluído da distribuição de processos, naquele Tribunal.

No § 2º do artigo 103-B, estabeleceu-se que, os membros do Conselho, depois de aprovada a escolha pela maioria absoluta do Senado Federal, serão nomeados pelo Presidente da República, cabendo ao Supremo Tribunal Federal proceder à escolha, se e quando não efetivadas as indicações no prazo legal, que não foi, desde logo, no texto constitucional definido.

No § 5º do art. 103-B, explicitou-se que o Ministro do Superior Tribunal de Justiça, que for indicado pelo referido Tribunal (inciso II do artigo citado), exercerá a função de Ministro-Corregedor, ficando excluído da distribuição de processos no Tribunal, a ele cabendo, além das atribuições conferidas pelo Estatuto da Magistratura, as constantes do elenco dos incisos I a III do § 5º do artigo citado, nele estando incluídos: o recebimento de reclamações e denúncias relativas a magistrados e serviços judiciários; a realização de inspeções e correição geral; prerrogativa de requisitar e designar magistrados — aos quais poderá delegar atribuições — servidores de juízos e tribunais, inclusive nos Estados, Distrito Federal e Territórios.

No § 6º do art. 103-B previu-se que funcionarão no Conselho Nacional de Justiça o Procurador-Geral da República e o Presidente do Conselho Federal da Ordem dos Advogados do Brasil, não se sabendo com que funções.

No elenco dos incisos I a XIII do art. 103-B da C.F., vê-se que foram incluídos, portanto, ao lado de membros da magistratura, pessoas absolutamente estranhas ao Poder Judiciário, a saber: dois representantes do Ministério Público, dois advogados e dois cidadãos do povo.

É certo que, tanto os membros do Ministério Público como os advogados, desempenham atividades essenciais à administração da Justiça (artigos 127 e 133 da C.F.). Já os cidadãos são, tão-somente, titulares dos direitos alinhados no artigo 5º da Carta Magna, que, quando lesionados, hão de encontrar no Poder Judiciário reparação (inciso XXXV do art. 5º da C.F.).

Todos, sem dúvida, são importantes, se e quando o Poder Judiciário é chamado a distribuir Justiça.

O Ministério Público, tem função institucional definida, no artigo 127 da Carta Magna, constituindo órgão essencial à função jurisdicional.

O advogado é o grande colaborador do Juiz, na distribuição da Justiça, sendo sua presença, no processo, importante para estabelecer o equilíbrio na balança de Themis.

O cidadão, titular de direito, que vem a Juízo, formular pedido de proteção, é, sem dúvida, importante, pois é ele que desencadeia a discussão do direito, cuja solução, pelo Poder Judiciário, é perseguida.

Sem embargo, absurdo é reconhecer, nas referidas pessoas — como se fez na E.C. 45/2004 — competência para exercer sobre o Poder Judiciário controle. Os Poderes, no regime democrático, são independentes e harmônicos entre si, como declarado no art. 2º da Carta Federal brasileira.

A criação, para o Poder Judiciário, de um órgão de controle, com dimensões nacionais — desde que composto fosse, exclusivamente, por membros do referido Poder — até poderia ser bem recebido pelos magistrados, na medida em que iria garantir uma fiscalização mais rigorosa, em torno do cumprimento dos deveres funcionais pelos juízes, que, por vezes, pode escapar ao controle interno dos tribunais ou sucumbir diante de posições corporativistas. Seria, aliás, útil que órgãos de controle da mesma natureza, fossem, também, criados para os demais Poderes.

Um órgão assim concebido, estaria, inclusive, a merecer aplausos, porque guardaria, então, harmonia, como advertiu o Ministro Waldemar Zweiter, com o "federalismo que preserva a antonomia de vários tribunais, oriundos de vertentes diversas do Poder Judiciário nacional, como estabelecido no Capítulo II da Carta Federal, não deixando sem resposta os reclamos do povo, a quem se destina, principalmente, a realização do ideal de justiça, recorrendo quando os juízes faltosos, eventualmente, deixem de ser punidos ou quando punidos estes, mesmo sem culpa evidente, possam ter tais sanções disciplinares revistas com isenção" ("O Controle do Poder Judiciário" — artigo publicado na Revista Cidadania e Justiça, Ano 3 — nº 6/1999, pg. 91/112).

Não foi isso, porém, o que se fez, no artigo 103-B introduzido na C.F. pela E.C. 45/2004, uma vez que, repita-se, preferiu-se incluir, na composição do Conselho Nacional de Justiça, pessoas estranhas ao Poder Judiciário.

Essa composição esdrúxula — quando ainda em discussão se encontrava a PEC da chamada Reforma da Justiça — já havia merecido dos juristas duras críticas, dentre elas a de Ives Granda da Silva Martins, que em pronunciamento no Congresso "Poder Judiciário. A Reforma do Século", deixou clara sua posição contrária à criação do Conselho, com a composição proposta — que veio a ser pela E.C. 45/2004 adotada — por entender que dito Conselho iria eliminar a independência do Poder Judiciário, proclamando, na oportunidade: "Estou convencido que há necessidade de uma reforma de controle. Estou convencido que a criação de um Conselho Nacional da Magistratura seria extremamente positivo. Mas só com membros do Poder Judiciário. Como na Ordem nós só queremos advogados dentro do Conselho da

Ordem. Como o Ministério Público não admite de outra forma, ou como nenhum senador e nenhum deputado admite um controle da sua ação". (*Apud* Anais do Congresso, publicação da Escola Paulista da Magistratura, pg. 54)

A opinião, absolutamente correta, expressada por Ives Granda da Silva Martins, pois à calva a falha do legislador constituinte derivado, ao transpor para a Carta Política brasileira a figura — do controle externo do Poder Judiciário — importada de modelo de países europeus, desconsiderando absoluta diferença existente entre a estrutura que tem o Judiciário naqueles países e no Brasil.

É que, por exemplo, na França, o Judiciário não é um Poder, sendo antes designado como: "Autoridade Judiciária" (artigos 64 a 66 da Constituição Federal francesa). O mesmo ocorre na Inglaterra e na Espanha, em que os Poderes não estão claramente separados.

O modelo, portanto, não podia servir para o Brasil, em que vigora o princípio constitucional da tripartição dos Poderes, que são autônomos e independentes entre si.

Foi nessa ordem de idéias que, Ives Granda da Silva Martins, concluiu sua erudita exposição, no Congresso já citado, registrando opinião no sentido de que, faltará garantia aos direitos individuais, no dia em que o Judiciário estiver "subordinado a outros Poderes ou a outras pessoas fora do Poder Judiciário". (*Ib idem*, pg. 56)

Não entendeu, porém, assim, o legislador constituinte derivado que, alheio às advertências dos doutos, na E.C. 45/2004, preferiu, como vimos, criar um órgão de controle, nele incluindo, mais uma vez diga-se, ao lado de magistrados, pessoas estranhas ao Poder Judiciário, que foram, então, investidas de poderes censórios, em relação ao referido Poder, o que soa absurdo e em testilhas, insista-se, com o princípio da tripartição dos Poderes, no artigo 2º da Lei Maior consagrado.

Ao assim dispor, a referida Emenda, com todas as vênias, padece, sem dúvida, da eiva da inconstitucionalidade, como foi argüido em ação direta de inconstitucionalidade, proposta pela Associação dos Magistrados Brasileiros (ADIN nº 3367), de que foi relator o Ministro Cezar Peluso, o que, todavia, não foi reconhecido pelo Supremo Tribunal Federal, em julgamento, feito por maioria de votos, sem dúvida respeitável, insuscetível, reconhecemos, a esta altura, de qualquer questionamento.

Afastado que foi, portanto, pelo Tribunal Maior, o vício da inconstitucionalidade da Emenda Constitucional 45/2004, escolhidos e empossados os membros do Conselho Nacional de Justiça, dito órgão já se encontra, sabidamente, em funcionamento, com a competência e as atribuições definidas nos §§ 4º e 5º do artigo 103-B da Constituição Federal, já tendo, inclusive, expedido diversas Resoluções, sendo as mais importantes as de nºs. 03, de 16-08-2005, que dispôs sobre o cumprimento das normas constitucionais introduzidas pela E.C. 45/2004, a respeito da extinção, nos Juízos e Tribunais, das férias coletivas; 06, de 13-09-2005, que estabeleceu novas regras a serem observadas nas promoções de magistrados, pelo critério do merecimento; 07, de 18-10-2005, que disciplinou o exercício de cargos, empregos e funções, por parentes, cônjuges e companheiros de magistrados e de servidores, investidos em cargo de direção e assessoramento, no âmbito dos órgãos do Poder Judiciário, expressamente proibindo a prática do neopotismo; 08, de 29-11-2005, que — em aparente desarmonia com a norma do inciso XII do artigo 93 da Constituição Federal, expressa a exigir que atividade jurisdicional seja exercida sem interrupção — permitiu que, nos Tribunais de Justiça dos Estados, mediante autorização do órgão competente, o expediente forense pudesse ser suspenso, no período de 20 de dezembro a 06 de janeiro, garantido o atendimento aos casos urgentes novos ou em curso, através de sistema de plantões; 11, de 31/01/06, que enunciou critério a ser observado para à apreciação do preenchimento — por candidato ao ingresso na carreira da magistratura nacional — do requisito do tempo de exercício de atividade jurídica, exigido no inciso I do art. 93 da C.F.; 13 e 14, de 30-03-06, que fixaram regras para a percepção pelos magistrados de seus subsídios.

Assim, tendo presente o que se encontra estabelecido no § 4º do art.103-B, tem-se que, compete ao Conselho Nacional de Justiça, o controle da atuação administrativa e financeira do Poder Judiciário e do cumprimento dos deveres funcionais dos juízes.

A atribuição, assim deferida — a um órgão que tem em sua composição membros estranhos ao Poder Judiciário — para o controle dos atos no âmbito do referido Poder praticados, além de constituir clara ofensa à autonomia administrativa e financeira, que foi ao Judiciário garantida na Carta Magna (art. 99), na verdade, não se justifica.

É que, para coibir atos de improbidade, eventualmente cometidos por juízes — fatos isolados, levando em conta o universo de magistrados existentes no país, que, em sua maioria, têm sabido dignificar os cargos que exercem — já existe o controle interno dos tribunais (arts. 93, VIII e 95, I, C.F./88).

De outro lado, para o controle da legalidade dos atos administrativos, praticados no âmbito do Poder Judiciário — como ocorre em relação aos demais Poderes da nação — já existem os Tribunais de Contas (arts. 70 e seguintes da Carta Magna).

Ainda na competência do Conselho Nacional de Justiça, estão, segundo o disposto nos incisos I a VII do § 4º do art.103-B, incluídas as seguintes atribuições: I) — zelar pela autonomia do Poder Judiciário e pelo cumprimento do Estatuto da Magistratura, para tal outorgando-se, ao referido Órgão, poderes para expedir atos regulamentares, no âmbito de sua competência, ou recomendar providências; II) — zelar pela observância, no âmbito do referido Poder, do respeito aos princípios da legalidade, impessoalidade, moralidade, publicidade e eficiência, que na Carta Constitucional são exigidos da administração pública (art. 37), no exercício de tal atribuição, sem prejuízo da competência conferida ao Tribunal de Contas da União, podendo apreciar, de ofício, ou mediante provocação, a legalidade de atos administrativos, desconstituí-los, revê-los, fixar prazo para que se adotem as providências necessárias ao exato cumprimento da lei; III) — receber e conhecer de reclamações contra membros e órgãos do Poder Judiciário, inclusive, contra seus serviços auxiliares, serventias e órgãos prestadores de serviços notariais e de registros, que atuem por delegação do poder público ou oficializados, sem prejuízo da competência disciplinar e correicional dos tribunais, estando o Conselho autorizado a avocar processo disciplinar em curso, determinar a remoção, disponibilidade ou aposentadoria, com subsídios ou proventos proporcionais ao tempo de serviço e aplicação de outras sanções administrativas, com a ressalva da garantia de ampla defesa; IV) — representar, ao Ministério Público, no caso de crime contra a administração pública ou de abuso de autoridade; V) — rever, de ofício, ou mediante provocação, processos disciplinares de juízes e membros dos tribunais, que tenham sido julgados há menos de um ano; VI) — elaborar relatório semestral com a estatística dos processos e sentenças prolatadas por unidade da federação, nos diferentes órgãos do Poder Judiciário; VII) — elaborar relatório anual sobre a situação do Poder Judiciário no país e as atividades do Conselho, propondo as providências julgadas necessárias, prevendo-se que, o referido relatório, deverá integrar mensagem do Presidente do Supremo Tribunal Federal, a ser remetida, ao Congresso Nacional, por ocasião da abertura da sessão legislativa.

As atribuições, nos incisos I a VII do § 4° do art. 103-B, ao Conselho Nacional de Justiça deferidas, na nossa visão, estariam, porém, a merecer crítica, eis que desbordariam dos limites de competência que, a um órgão de controle, poderia ter sido concedida, sem risco de desrespeito ao princípio da independência do Poder Judiciário.

É que se está erigindo o Conselho, em verdadeiro órgão revisor dos atos administrativos, no âmbito do Poder Judiciário praticados, na medida em que se lhe está outorgando uma enorme gama de poderes, envolvendo o conhecimento de reclamações, oferecidas contra membros ou órgãos do referido Poder; servidores, incluindo os prestadores de serviços notariais — que, sabidamente, estão submetidos a completude normativa própria — parecendo descabido, *concessa venia*, que se tenha dado ao citado órgão, autorização para avocar processos disciplinares em curso, e, quando de seu exame, decidir sobre a remoção, disponibilidade ou aposentadoria de magistrados, com subsídios ou proventos proporcionais ao tempo de serviço — procedimentos que eram, originariamente, da exclusiva competência dos tribunais, como previsto no inciso VIII do artigo 93 da C.F. — agora alterado, pela E.C. 45/2004, para conferir, ao Conselho Nacional de Justiça, dita competência, com clara e frontal ofensa à autonomia do Poder Judiciário. De resto, inconcebível foi que se tenha assegurado, ao referido Conselho, a possibilidade de revisão de processos disciplinares de juízes e membros dos tribunais, já julgados, desde que o tenham sido há menos de um ano, com risco de consumação de ofensa à coisa julgada, que já se tenha consolidado com o julgamento feito no tribunal.

A criação para o Poder Judiciário de um órgão de controle externo, pela E.C. 45/2004, inaugurou, para a administração da Justiça, uma fase cinzenta, temidos que são os excessos que venham a ser pelo referido órgão cometidos.

É que, como adverte Mauro Cappelletti, em sua obra clássica *Il Potere Dei Giudici*, embora não se possa conceber "um Poder que permaneça incontrolado", inadmissível será a instituição de um controle que funcione: "como meio repressivo, de abusar da sanção disciplinar", sendo o ideal a existência de "um sistema que guarde equilíbrio: limitações e contra-pontos", de modo a evitar a perpetração de excessos; de um modelo que seja capaz de "conciliar os dois valores em conflito: a independência dos Juízes e a necessidade que respondam eles por sua atividade". (Obra citada, tradução de René David, pgs.175/176)

Oportuno, porém, é dizer que, concebido que tenha sido como órgão de intimidação do Poder Judiciário, o Conselho Nacional de Justiça, como tal, não produzirá frutos. O verdadeiro juiz, não pode se curvar a pressões, nem conhecer o servilismo, ou, então, não estará em condições de honrar a toga que veste.

Concluindo, algumas considerações merecem ser feitas a respeito das Ouvidorias, cuja criação foi prevista na E.C. 45/2004.

A propósito dessas Ouvidorias, dispôs o legislador no § 7º do art.103-B, introduzido à Carta Magna, prevendo a sua criação, inclusive no D. Federal e nos Territórios, às quais outorgou competência para receber reclamações e denúncias, contra membros ou órgãos do Poder Judiciário ou seus serviços auxiliares, e poderes para, com base nelas, oferecer representação, diretamente, ao Conselho Nacional de Justiça, o que, logo se vê, será capaz de desencadear verdadeira onda de denuncismo.

Não fora o risco do denuncismo, que se teme possa ocorrer, desde que concebida com o objetivo maior de estabelecer um verdadeiro canal da sociedade com o Poder Judiciário, a criação de tais Ouvidorias até poderá ser considerada positiva.

Aliás, foi com este objetivo maior, que o Tribunal de Justiça do Estado do Rio de Janeiro, através da Resolução 06/2005 — editada pelo Órgão Especial — que aprovou a sua Reforma Administrativa, criou a Ouvidoria de Justiça, concebendo-a como unidade organizacional integrante da Corregedoria-Geral da Justiça, no artigo 64 da referida Resolução, conferindo-lhe as seguintes atribuições: a) receber e tratar manifestações, reclamações e solicitações de usuários e da comunidade, colaborando na busca de soluções adequadas e de respostas em tempo hábil; b) transmitir ao cidadão e à população em geral os resultados de medidas tomadas, garantindo transparência às ações correicionais do Poder Judiciário e o fortalecimento de sua imagem institucional; c) interpretar demandas de forma sistêmica, para delas inferir eventuais oportunidades de melhoria dos serviços, sugerindo mudanças e aperfeiçoamentos.

SUPERIOR TRIBUNAL DE JUSTIÇA. COMPOSIÇÃO. CRITÉRIO PARA A ESCOLHA DE SEUS MEMBROS. COMPETÊNCIA. ALTERAÇÕES INTRODUZIDAS PELA EMENDA CONSTITUCIONAL 45/2004.

O Superior Tribunal de Justiça, é oportuno que se lembre, foi criado para desafogar o Supremo Tribunal Federal, tendo tido, de início, a sua composição feita — como expressamente previu o artigo 27 do ADCT da C.F./88 — com o aproveitamento dos Ministros do Tribunal Federal de Recursos, completado o número, fixado na Constituição, com a nomeação de ministros indicados, à época, em lista tríplice, pelo referido Tribunal (depois extinto), nomeados pelo Presidente da República, após aprovação da escolha pelo Senado Federal (art.104, parágrafo único da C.F./88).

A exemplo do que se estabeleceu na Carta Magna, em relação ao Supremo Tribunal Federal, ao Superior Tribunal de Justiça conferiu-se jurisdição em todo o território nacional (parágrafo único do artigo 92).

Sobre a composição do Superior Tribunal de Justiça e critério para a escolha de seus membros, dispôs o legislador constituinte originário, nos artigos 104 a 105 da Carta Magna de 1988, prevendo que, dito Tribunal, deve ter, no mínimo, trinta e três ministros, nomeados pelo Presidente da República, dentre brasileiros com mais de trinta e cinco e menos de sessenta e cinco anos, de notável saber jurídico e reputação ilibada, sendo um terço dos membros escolhidos dentre Juízes dos Tribunais Regionais Federais; um terço dentre Desembargadores dos Tribunais de Justiça, indicados em lista tríplice, elaborada pelos respectivos Tribunais, e, um terço, em partes iguais, escolhidos, alternativamente, dentre advogados e membros do Ministério Público Federal, Estadual, do Distrito Federal e dos Territórios — indicados, em lista sêxtupla, pelos órgãos de representação das respectivas classes — que preencham os requisitos formulados no artigo 94 da C.F., isto é: com relação aos membros do Ministério Público, que tenham mais de dez anos de carreira e quanto aos advogados, que ostentem notório saber jurídico e reputação ilibada, e tenham mais de dez anos de efetiva atividade profissional, submetida a escolha a aprovação pelo Senado Federal (art.104, parágrafo único, incisos I e II da C.F.).

Previu, ainda, o legislador constituinte originário, que funcionará, junto ao Superior Tribunal de Justiça, o Conselho da Justiça Federal, ao qual atribuiu competência para, na forma da lei, exercer a supervisão administrativa orçamentária da Justiça Federal de primeiro e segundo grau (parágrafo único do artigo 105 da C.F.) e da Escola Nacional de Formação e Aperfeiçoamento de Magistrados, a esta outorgando, dentre outras funções, a regulamentação de cursos oficiais para ingresso e promoção na carreira.

O Conselho da Justiça Federal, teve sua existência, composição e atribuições disciplinadas pela Lei 7746, de 30-03-1989 (artigos 6 a 10), nesses dispositivos tendo-se previsto que integram o Conselho: o Presidente e o Vice-Presidente do Superior Tribunal de Justiça, que são seus membros natos; três membros efetivos e igual número de suplentes, eleitos dentre seus ministros, na mesma época em que for procedida eleição dos órgãos diretivos do S.T.J., com mandato de igual período, vedada a reeleição.

A Presidência do Conselho é exercida pelo Presidente do Superior Tribunal de Justiça, cabendo as funções de Corregedor-Geral, ao ministro mais antigo dentre os efetivos.

Da Escola Nacional de Formação e Aperfeiçoamento dos Magistrados, tratou o legislador constituinte no inciso IV do artigo 93 (redação da E.C.45/2004), atribuindo-lhe o encargo de dispor sobre o reconhecimento de cursos, destinados à formação e aperfeiçoamento de magistrados, importantes para aferição do preparo destes, quando se tiver de examinar pedido de promoção por merecimento (art. 93, II, alínea c da C.F.).

Da competência originária do Superior Tribunal de Justiça tratou o legislador constituinte originário no artigo 105 da Carta Federal, nela incluindo: I-a) — os processos instaurados contra os Governadores dos Estados e Distrito Federal, nos crimes comuns, e, nestes e nos de responsabilidade, os ajuizados contra Desembargadores dos Tribunais de Justiça dos Estados e do Distrito Federal; membros dos Tribunais de Contas dos Estados e do Distrito Federal, dos Tribunais Regionais Federais, dos Tribunais Regionais Eleitorais e do Trabalho, dos Conselhos ou Tribunais de Contas dos Municípios e os do Ministério Público da União que oficiem perante tribunais; I-b) os mandados de segurança e *habeas data*, impetrados contra atos de Ministro de Estado, dos Comandantes da Marinha, do Exército e da Aeronáutica e, bem assim, contra os Ministros do próprio Tribunal; I-c) os *habeas corpus*, quando coator ou paciente for qualquer das pessoas referidas na alínea a, ou quando coator for tribunal sujeito à jurisdição do Superior Tribunal de Justiça, Ministro de Estado ou Comandante da Marinha, do Exército ou da Aeronáutica, com ressalva feita à competência da Justiça Eleitoral; I-d) os conflitos de competência entre quaisquer tribunais, exceto os estabelecidos entre o Superior Tribunal de Justiça e quaisquer tribunais; entre os Tribunais Superiores ou entre estes e qualquer outro tribunal, em que a competência será do Supremo Tribunal Federal (art. 102, inciso I, alínea o); I-e) — as revisões criminais e as ações rescisórias de seus julgados; I-f) — a reclamação que haja sido formulada para preservação da competência do Superior Tribunal de Justiça e a garantia da autoridade de suas decisões; I-g) — os conflitos de atribuições, envolvendo autoridades administrativas e judiciárias da União, ou autoridade judiciárias de um Estado e administrativas de outro ou do Distrito Federal, ou ainda, entre as destes e da União; I-h) — o mandado de injunção, quando a elaboração da norma regulamentadora for atribuição de órgão, entidade ou autoridade federal, da administração direta ou indireta, ressalvados os casos de competência do Supremo Tribunal Federal e dos órgãos da Justiça Militar, da Justiça Eleitoral, da Justiça do Trabalho e da Justiça Federal.

No que diz respeito à competência recursal, vê-se que, no inciso II do art. 105 da Carta Magna, alíneas a, b e c, foi posto a cargo do Superior Tribunal de Justiça, o julgamento dos recursos ordinários, interposto contra decisões denegatórias de *habeas corpus*, proferidas em única ou última instância, pelos Tribunais Regionais Federais ou pelos Tribunais dos Estados, do Distrito Federal e Territórios; as decisões denegatórias de mandado de segurança, decididas em única instância pelos Tribunais precitados e as causas em que forem partes Estado Estrangeiro ou organismo internacional, de um lado, e de outro, Município ou pessoa residente ou domiciliada no País.

Ainda na competência recursal do Superior Tribunal de Justiça, originariamente incluiu-se (inciso III do art. 105): o processo e julgamento de recurso especial, interposto em causas decididas, em única ou última instância, pelos Tribunais Regionais Federais ou pelos Tribunais dos Estados, do Distrito Federal ou Territórios, quando a decisão recorrida: a) contrariar tratado ou lei federal ou negar-lhes vigência; b) houver julgado válida lei ou ato de governo local, contestado em face de lei federal, ou ainda, quando: c) a decisão houver dado a lei federal interpretação divergente da que lhe haja atribuído outro tribunal.

Com a edição da E.C. 45/2004, a competência do Superior Tribunal de Justiça foi, em parte, alterada.

Assim, por força da alínea i, pela E.C. 45/2004, acrescida ao inciso I do art. 105 da C.F., a homologação de sentença estrangeira e a concessão de *exequatur*, que antes eram atribuições do Supremo Tribunal Federal, passaram, agora, à competência do Superior Tribunal de Justiça.

De outro lado, com a nova redação dada, pela referida Emenda à alínea b do inciso III do artigo 105, transferiu-se, da competência do Superior Tribunal de Justiça para a do Supremo Tribunal Federal, em grau de recurso extraordinário, o exame das decisões proferidas em única ou última instância, em que se tenha discutido a validade de lei local, contestada em face de lei federal, sendo mantida, porém, a cargo do Superior Tribunal de Justiça, a apreciação, em grau de recurso especial, de tais decisões (proferidas em única ou última instância), quando tiverem elas examinado alegação de validade de ato do governo local, contestado em face de lei federal (vide art. 102, III, d, da C.F.).

Outrossim, em razão de alteração introduzida pela E.C. 45/2004, ao inciso III do art. 36 da C.F., passou, agora, a ser do Supremo Tribunal Federal, a competência, anteriormente atribuída ao Superior Tribunal de Justiça, para o provimento de representação, oferecida pelo Procurador-Geral da República, visando à decretação de intervenção federal, no caso de recusa à execução de lei federal, em conseqüência, pela referida Emenda, tendo sido revogado o inciso IV do art. 36.

Ainda, sobre a competência do Superior Tribunal de Justiça, é importante assinalar que, ao referido Tribunal, conferiu o legislador constituinte derivado, na E.C. 45/2004, o encargo de conhecer de pedido de deslocamento de competência, para a Justiça Federal, se e quando suscitada, pelo Procurador-Geral da República, em processos em que esteja em discussão alegação de grave violação a direitos humanos e o cumprimento de obrigações decorrentes de tratados internacionais — envolvendo tais direitos — dos quais o Brasil seja parte (art. 109, § 5º).

Com a remissão que se fez, no § 5º do artigo 109, a tratados internacionais sobre direitos humanos, do qual o Brasil seja signatário, tem-se que constitui pressuposto, para o pedido de deslocamento da competência para a Justiça Federal — que se previu poderá ser formulado pelo Procurador-Geral da República, em qualquer fase de inquérito ou processo — que esteja em discussão obrigação assumida em tais tratados, e não, toda e qualquer questão, envolvendo direitos humanos.

Tal pedido de deslocamento de competência, conhecido como avocatória, constitui providência merecedora de meditação, na medida em que, se e quando requerida de forma abusiva, poderá por em risco o pacto federativo, gerando um quadro de federalismo hegemônico comandado pela Matriz.

O Superior Tribunal de Justiça já examinou questão, relacionada com a aplicação da norma do § 5º do artigo 109 da C.F. de 88, quando do julgamento do Incidente de Deslocamento de Competência nº 2005/0029378-4, de que foi Relator o Ministro Arnaldo Esteves Lima — suscitado no processo, instaurado no Estado do Pará, para apurar o assassinato de uma missionária estrangeira — tendo concluído pelo indeferimento do pedido de deslocamento, porém, por fundamento diverso do que ora sustentamos, ou seja, por ter aquele Tribunal Superior considerado inadequada a pretensão, à luz do princípio da proporcionalidade (adequação, necessidade e proporcionalidade em sentido estrito).

A ementa do acórdão, que foi publicado no D.J. da União, em 10-10-2005, página 217, é reproduzida a seguir:

> "CONSTITUCIONAL. PENAL E PROCESSUAL PENAL. HOMICÍDIO DOLOSO QUALIFICADO. (VÍTIMA IRMÃ DOROTHY STANG). CRIME PRATICADO COM GRAVE VIOLAÇÃO AOS DIREITOS HUMANOS. INCIDENTE DE DESLOCAMENTO DE COMPETÊNCIA — IDC. INÉPCIA DA PEÇA INAUGURAL. NORMA CONSTITUCIONAL DE EFICÁCIA CONTIDA. PRELIMINARES REJEITADAS. VIOLAÇÃO AO PRINCÍPIO DO JUIZ NATURAL E À AUTONOMIA DA UNIDADE DA FEDERAÇÃO. APLICAÇÃO DO PRINCÍPIO DA PROPORCIONALIDADE. RISCO DE DESCUMPRIMENTO DE TRATADO INTERNACIONAL FIRMADO PELO BRASIL SOBRE A MATÉRIA NÃO CONFIGURADO NA HIPÓTESE. INDEFERIMENTO DO PEDIDO.

1) Todo homicídio doloso, independentemente da condição pessoal da vítima e/ ou da repercussão do fato no cenário nacional ou internacional, representa grave violação ao maior e mais importante de todos os direitos do ser humano, que é o direito à vida, previsto no art. 4º, nº I da Convenção Americana sobre Direitos Humanos, da qual o Brasil é signatário por força do Decreto nº 678, de 6/11/1992, razão por que não há falar em inépcia da peça inaugural.

2) Dada a amplitude e magnitude da expressão "direitos humanos", é verossímil que o constituinte deriva-

do tenha optado por não definir o rol dos crimes que passariam para a competência da Justiça Federal, sob pena de restringir os casos de incidência do dispositivo (C.F., art.109, § 5º), afastando-o de sua finalidade precípua, que é assegurar o cumprimento de obrigações decorrentes de tratados internacionais firmados pelo Brasil sobre a matéria, examinando-se cada situação de fato, suas circunstâncias e peculiaridades detidamente, motivo pelo qual não há falar em norma de eficácia limitada. Ademais, não é próprio do texto constitucional tais definições.

3) Aparente incompatibilidade do IDC, criado pela Emenda Constitucional nº 45/2004, com qualquer outro princípio constitucional ou com a sistemática processual em vigor deve ser resolvida aplicando-se os princípios da proporcionalidade e da razoabilidade.

4) Na espécie, as autoridades estatais encontram-se empenhadas na apuração dos fatos que resultaram na morte da missionária norte-americana Dorothy Stang, com o objetivo de punir os responsáveis, refletindo a intenção de o Estado do Pará dar resposta eficiente à violação do maior e mais importante dos direitos humanos, o que afasta a necessidade de deslocamento da competência originária para a Justiça Federal, de forma subsidiária, sob pena, inclusive, de dificultar o andamento do processo criminal e atrasar o seu desfecho, utilizando-se o instrumento criado pela aludida norma em desfavor de seu fim, que é combater a impunidade dos crimes praticados com grave violação de direitos humanos.

5) O deslocamento de competência — em que a existência de crime praticado com grave violação aos di-

reitos humanos é pressuposto de admissibilidade do pedido — deve atender ao princípio da proporcionalidade (adequação, necessidade e proporcionalidade em sentido estrito), compreendido na demonstração concreta de risco de descumprimento de obrigações decorrentes de tratados internacionais firmados pelo Brasil, resultante da inércia, negligência, falta de vontade política ou de condições reais do Estado-membro, por suas instituições, em proceder à devida persecução penal. No caso, não há a cumulatividade de tais requisitos, a justificar que se acolha o incidente.

6) Pedido indeferido, sem prejuízo do disposto no art. 1º, III da Lei nº 10.446, de 8/5/2002."

TRIBUNAIS REGIONAIS FEDERAIS E JUÍZES FEDERAIS. COMPETÊNCIA. JUSTIÇA FEDERAL: DESCENTRALIZAÇÃO. JUSTIÇA ITINERANTE, COMO NOVIDADE INTRODUZIDA PELA EMENDA CONSTITUCIONAL 45/2004.

Os Tribunais Regionais Federais e os Juízes Federais, encontram-se incluídos, no elenco do artigo 92 da Constituição Federal de 1988, como órgãos do Poder Judiciário.

A respeito dos Tribunais Regionais Federais e Juízes Federais dispôs o legislador constituinte originário, como órgãos da Justiça Federal, nos artigos 106 a 110 da Carta Política de 1988.

Da composição dos Tribunais Regionais Federais, tratou, o referido legislador, especificamente, no artigo 107, I e II e seu parágrafo único, estabelecendo que, ditos Tribunais, devem ter, no mínimo, sete Juízes, com mais de cinco anos de exercício no cargo, recrutados — mediante promoção a ser feita, alternadamente, pelos critérios de antiguidade e merecimento — recaindo a escolha, sempre que possível, sobre juízes da respectiva região, reservando-se um quinto das vagas a membros do Ministério Público e a advogados, sendo a nomeação feita pelo Presidente da República, tendo-se devolvido, à lei, a fixação dos critérios, a serem observados, para remoção ou permuta de juízes e a determinação da jurisdição e da sede dos Tribunais Regionais Federais.

Mais preciso ainda foi, o legislador originário — a propósito da definição dos critérios que devem ser observados para a escolha dos membros dos Tribunais Regionais Federais, que devem preencher as vagas destinadas ao quinto constitucional, no artigo 94 e seu parágrafo único da Carta de 1988 — cuja redação não foi alterada pela E.C. 45/2004 — ao estabelecer que, a exemplo, dos Tribunais dos Estados, do Distrito Federal e dos Territórios, às referidas vagas podem concorrer: membros do Ministério Público, "com mais de dez anos de carreira e advogados de notório saber jurídico e de reputação ilibada, com mais de dez anos de efetiva atividade profissional, indicados em lista sêxtupla pelo órgãos de representação das respectivas classes", acrescentando o parágrafo único do artigo que, uma vez feitas as indicações, caberá ao Tribunal formar "lista tríplice, enviando-a ao Poder Executivo, que nos vinte dias subseqüentes, escolherá um de seus integrantes para nomeação".

A respeito da competência originária dos Tribunais Regionais Federais — que não foi pela E.C. 45/2004 alterada — dispôs o legislador constituinte originário no artigo 108, I, alíneas a a e, nela incluindo: a) o processo e julgamento dos juízes federais de sua área de jurisdição; os juízes da Justiça Militar e da Justiça do Trabalho, nos crimes comuns e de responsabilidade e os membros do Ministério Público da União, ressalvada a competência da Justiça Eleitoral; b) as revisões criminais, as ações rescisórias de seus julgados ou dos juízes federais da região; c) os mandados de segurança e os *habeas data* contra ato do próprio Tribunal ou de juiz federal; d) o *habeas corpus*, quando autoridade coatora for juiz federal; e) os conflitos de competência entre juízes federais vinculados ao Tribunal.

Na competência recursal dos Tribunais Regionais Federais estão contidos os recursos, interpostos em causas decididas pelos juízes federais ou pelos estaduais, no exercício da competência federal da área de sua jurisdição.

Aos juízes federais, o legislador constituinte originário, deferiu, nos incisos I a XI do artigo 109 da Carta Magna, competência para processar e julgar: I — as causas em que a União, entidade autárquica ou empresa pública federal, forem interessadas, como autoras, rés, assistentes ou opoentes, excluídos os processos de falência; de acidente de trabalho; os sujeitos à Justiça Eleitoral ou Justiça do Trabalho; II — as causas entre Estado estrangeiro ou organismo internacional e Município ou pessoa domiciliada no país; III — as causas fundadas em tratado ou contrato da União com Estado estrangeiro ou organismo internacional; IV — os crimes políticos e as infrações praticadas em detrimento de bens, serviços ou interesse da União, de autarquia ou empresas públicas, excluídas as contravenções e as causas de competência das Justiças Militar e Eleitoral; V — os crimes previstos em tratado ou convenção internacional, quando tiver se iniciado a execução no País e o resultado tenha ou devesse ter ocorrido no estrangeiro, ou reciprocamente; VI — os crimes contra a organização do trabalho, e, nos casos determinados em lei, os praticados contra o sistema financeiro e a ordem econômico-financeira; VII — o *habeas corpus* em matéria criminal de competência da Justiça Federal ou no caso em que o constrangimento for atribuído a autoridade, cujos atos estejam diretamente sujeitos a outra jurisdição; VIII — os mandados de segurança e *habeas data* contra ato de autoridade federal que não estejam incluídos nos casos de competência dos Tribunais Federais; IX — os crimes cometidos a bordo de navios ou aeronaves, ressalvada a competência da Justiça Militar; X — os crimes de ingresso ou permanência irregular de estrangeiro, a execução de carta rogatória, após o *exequatur* e de sentença estrangeira, após a homologação; as causas relacionadas com a nacionalidade, inclusive a respectiva opção e a naturalização; XI — a disputa sobre direitos indígenas.

Regras de competência foram ainda inseridas, pelo legislador constituinte originário, nos §§ 1º, 2º, 3º e 4º do art. 109, prevendo que: as causas em que a União for autora, devem ser propostas na seção judiciária onde a parte demandada tiver domicílio, admitindo que, as ajuizadas contra a União possam ser aforadas na seção judiciária em que o autor for domiciliado; naquela em que houver ocorrido o ato ou o fato, que deu origem à demanda, onde esteja situada a coisa, ou ainda, no Distrito Federal. Previu-se mais que, poderão ser processadas e julgadas na Justiça Estadual; no foro do domicílio dos segurados ou beneficiários, as causas em que forem partes instituição de previdência social e segurado, quando a comarca não for sede de Vara do Juízo Federal, nesse caso permitindo a lei que outras causas sejam também processadas e julgadas pela Justiça Estadual, nesse caso, então, o recurso cabível, devendo ser interposto para o Tribunal Federal Regional da área de jurisdição do juiz de primeiro grau.

No artigo 110, *caput* e seu parágrafo único da Carta Política de 1988, previu-se, ainda, que em cada Estado da Federação, bem como, no Distrito Federal, existirá uma seção judiciária da Justiça Federal, com sede na respectiva Capital e Varas que serão localizadas, como dispuser a lei, no parágrafo único tendo se estabelecido que, nos Territórios Federais os juízes da justiça local terão, na forma da lei, a jurisdição e as atribuições cometidas aos Juízes Federais.

A Emenda Constitucional 45/2004, quase nada mudou, com relação à competência originariamente concedida à Justiça Federal, na Carta Política de 1988, mantendo, em substância, o elenco contido no artigo 109, da referida Carta, que só foi alterado para que nele se incluísse a hipótese prevista no inciso V-A — ao citado dispositivo acrescido — que outorgou competência, aos juízes federais para "as causas relativas a direitos humanos a que se refere o § 5º deste artigo", ou seja, para as causas que envolvam "grave violação de direitos humanos" e esteja em discussão, como dito ainda no citado artigo, "o cumprimento de obrigações decorrentes de tratados internacionais de direitos humanos dos quais o Brasil seja parte", hipótese excepcional, em que, previu o legislador constituinte derivado, a possibilidade do Procurador-Geral da República "suscitar, perante o Superior Tribunal de Justiça, em qualquer fase do inquérito ou processo, incidente de deslocamento de competência para a Justiça Federal".

A propósito dessa previsão de deslocamento de competência, manifestou, Sérgio Bermudes, opinião, registrada em sua obra "A Reforma do Judiciário pela Emenda Constitucional nº 45", no sentido de que: "a referência à Justiça Federal, no § 5º, leva à interpretação de que o incidente nela previsto, pode ter fins diferentes", não cabendo — acrescenta — "somente para deslocar o processo de outro órgão jurisdicional do primeiro grau para um juiz federal, também de primeira instância, mas, igualmente, para levar o processo para um Tribunal Regional Federal, quando esse feito já se encontrar na segunda instância, ou na iminência de ser remetido a ela" (Obra citada, pg. 74).

Não concordamos, porém, inteiramente com essa colocação.

O inciso V-A e o § 5º, constituem dispositivos que foram acrescentados, pela Emenda Constitucional 45/2004, ao artigo 109 da C.F. de 1988, que cuida, especificamente, da competência dos juízes federais de primeiro grau.

Se é assim, ao prever o legislador constituinte derivado, no § 5º citado, a possibilidade do pedido de deslocamento ser suscitado "em qualquer fase do inquérito ou processo", só pode ter querido se referir às fases do processo no primeiro grau de jurisdição.

Ocorrido o deslocamento, estando-se, então, diante de causa decidida por juiz federal, interposto que venha a ser recurso, aí sim, a competência para o seu julgamento será de um Tribunal Regional Federal, como previsto no inciso II do artigo 108 da Constituição Federal.

O pedido de deslocamento de competência, verdadeira avocatória criada, no § 5º do artigo 109 da Carta Magna, pela E.C. 45/2004, não nos parece, porém, merecer aplausos, como já registramos anteriormente.

A idéia de — a pretexto de "assegurar o cumprimento de obrigações decorrentes de tratados internacionais de direitos humanos, dos quais o Brasil seja parte" — autorizar, a pedido do Procurador-Geral da República, o deslocamento da competência, para julgamento de processo, da Justiça Estadual para a Justiça Federal, constitui inovação perigosa que, mais uma vez alertamos, põe em risco o pacto federativo, com o agigantamento do Poder Central, criando a figura de um federalismo hegemônico, comandado pela Matriz.

A propósito dessa questão, vale registrar que, recente tentativa de obter tal deslocamento, foi frustrada pelo Superior Tribunal de Justiça, quando do julgamento do Incidente de Deslocamento de Competência nº 2005/0029378/4, de que foi Relator o Ministro Arnaldo Esteves Lima (Vide Ementa de acórdão reproduzida no final do capítulo dedicado ao Superior Tribunal de Justiça).

Inovações foram ainda introduzidas, pela E.C. 45/04, quando acrescentados foram ao artigo 107, dois parágrafos (§§ 2º e 3º), passando o antigo parágrafo único a constituir o § 1º.

No § 2º, estabeleceu-se, como novidade, a Justiça itinerante, prevendo-se a realização de audiências e atividades outras jurisdicionais, nos limites territoriais da respectiva jurisdição, autorizando-se — para possibilitar o funcionamento da Justiça em tais dimensões — que possam ser usados equipamentos públicos e comunitários.

No § 3º, foi autorizada a criação de Câmaras dos Tribunais Regionais Federais, para funcionamento descentralizado, solução que se entendeu adequada para facilitar o acesso dos jurisdicionados a todas as fases dos processos.

Não se sabe se a experiência descentralizadora será capaz de produzir bons frutos. Um tribunal deve, em princípio, reunir-se em sua sede, para propiciar discussão harmoniosa, das questões jurídicas, tão necessária para formação da jurisprudência, o que só a proximidade de seus membros é capaz de assegurar.

TRIBUNAIS E JUÍZES DO TRABALHO. TRIBUNAL SUPERIOR DO TRABALHO. COMPOSIÇÃO. CRITÉRIO PARA ESCOLHA DE SEUS MEMBROS. COMPETÊNCIA. TRIBUNAIS REGIONAIS DO TRABALHO. JURISDIÇÃO E COMPETÊNCIA. ALTERAÇÕES INTRODUZIDAS PELA EMENDA CONSTITUCIONAL 45/2004.

Na Carta Política de 1988, o legislador constituinte originário, dos Tribunais e Juízes do Trabalho tratou nos artigos 111 a 117.

No artigo 111, incisos I, II e III, relacionou, o legislador, como órgãos da Justiça do Trabalho: I — o Tribunal Superior do Trabalho; II — os Tribunais Regionais do Trabalho; III — os Juízes do Trabalho.

Da composição do Tribunal Superior do Trabalho e critérios para a escolha de seus membros, cuidou-se no § 1°, incisos I e II do artigo 111, dando-lhes redação que foi, posteriormente, alterada pela E.C. 24/99, para exclusão da figura dos juízes classistas.

Com a nova redação dada pela E.C. 24/99, ao § 1° do artigo 111, o número de ministros do Tribunal Superior do Trabalho foi reduzido de vinte e sete para dezessete, sendo prevista a sua escolha dentre brasileiros, com mais de trinta e cinco e menos de sessenta e cinco anos, recrutados: onze dentre juízes de carreira, integrantes dos Tribunais Regionais Federais do Trabalho; três dentre advogados e três dentre membros do Ministério Público do Trabalho, cabendo a nomeação ao Presidente da República, após aprovação pelo Senado Federal.

Outrossim, ao § 2º do artigo 111, deu a E.C. 24/1999, nova redação, excluindo, também, as referências que lá existiam a respeito das vagas destinadas aos classistas, que foram extintas, no parágrafo citado dispondo-se que, as listas tríplices para a escolha de membros do Superior Tribunal do Trabalho devem ser elaboradas pelo referido Tribunal, cabendo dita elaboração a Ministros togados e vitalícios, quando se tratar de vagas reservadas a magistrado trabalhista de carreira, observando-se, com relação às vagas destinadas a membros do Ministério Público do Trabalho e Advogados, as prescrições contidas no artigo 94 da C.F., isto é, no tocante às vagas do Ministério Público, exigindo-se que os indicados tenham mais de dez anos de carreira, e, com relação às dos Advogados, que tenham eles mais de dez anos de efetiva atividade profissional, notório saber jurídico, reputação ilibada e integrem lista sêxtupla elaborada por órgãos de representação das respectivas classes.

Com a Emenda Constitucional 24/1999, nova redação foi dada, ainda, aos artigos 112, 113, 115 e 116 da Carta Magna, para excluir as referências, naqueles dispositivos existentes, às antigas Juntas de Conciliação e Julgamento, e, mais uma vez, à figura dos juízes classistas.

Assim, com a nova redação que lhe deu a E.C. 24/1999, o artigo 112 da Lei Maior, passou a prever a existência de um Tribunal Regional do Trabalho em cada

Estado e no Distrito Federal e a edição de lei, para instituição de Varas da Justiça do Trabalho em Comarcas, atribuindo o exercício da jurisdição a juízes de direito.

Dos Tribunais Regionais do Trabalho, tratou o legislador no artigo 115, parágrafo único, incisos I e II, estabelecendo que, ditos Tribunais — cuja existência em cada Estado e no Distrito Federal foi prevista no artigo 112 — serão compostos por juízes do trabalho, escolhidos, alternadamente, pelos critérios da antiguidade e merecimento e por advogados e membros do Ministério Público do Trabalho, que preencham os requisitos formulados no artigo 94 da Carta Magna, respeitada a proporcionalidade estabelecida no § 2º do artigo 111, sendo a nomeação ato do Presidente da República.

A respeito da Justiça do Trabalho no primeiro grau de jurisdição, dispôs o legislador no artigo 116, em norma que se limitou a declarar que, nas Varas do Trabalho, a jurisdição será exercida por um juiz singular.

No artigo 113, previu-se a edição de lei disciplinadora da constituição, investidura, jurisdição, competência, garantias e condições para o exercício dos órgãos da Justiça do Trabalho.

Sem embargo dessa previsão, vê-se que, no art. 114, o legislador constituinte originário, desde logo cuidou de delimitar a competência da Justiça do Trabalho, declarando estarem nela incluídas: a conciliação e o julgamento de dissídios individuais e coletivos, entre trabalhadores e empregadores, inclusive, os entes de direito público externo e da administração pública direta e indireta dos Municípios, do D.Federal, dos Estados e da União,e, ainda, na forma da lei, outras controvérsias decorrentes da relação de trabalho, bem como, litígios originados no cumprimento de suas próprias sentenças, inclusive coletivas.

Outrossim, no § 3º do art. 114, atribuiu-se, ainda, competência à Justiça do Trabalho para executar, de ofício, as contribuições sociais, previstas no art. 195, I, a e II e seus acréscimos legais, decorrentes das sentenças que proferir.

Com a edição da E.C. 45/2004, alterações foram introduzidas aos dispositivos da Carta Política de 1988, dedicados à Justiça do Trabalho.

Inicialmente, no artigo 112, preocupou-se o legislador constituinte derivado, em prever a criação de Varas da Justiça do Trabalho, ao mesmo tempo considerando a possibilidade de — nas comarcas não abrangidas por sua jurisdição — ser esta atribuída a juízes de direito, com recurso das decisões para o respectivo Tribunal Regional do Trabalho.

Do Tribunal Superior do Trabalho, preferiu o legislador constituinte derivado tratar, com absoluta atecnia, em dispositivos que inseriu após artigos dedicados ao Conselho Nacional de Justiça, fragmentando o exame da matéria, que foi, então, cuidada no artigo 111-A, incisos I e II, §§ 1º e 2º, incisos I e II, que, incluíram, também, previsões sobre a Escola Nacional de Formação e Aperfeiçoamento de Magistrados do Trabalho e sobre o Conselho Superior da Justiça do Trabalho.

No *caput* do artigo 111-A, elevou o legislador o número de membros do Tribunal Superior do Trabalho de dezessete para vinte e sete, determinando que a sua escolha seja feita, dentre brasileiros com mais de trinta e cinco anos e menos de sessenta e cinco anos, nomeados pelo Presidente da República, após aprovação pela maioria absoluta do Senado Federal.

Nos incisos I e II, previu-se que, um quinto das vagas daquele Tribunal, deverá ser reservada para advogados com mais de dez anos de efetiva atividade profissional e membros do Ministério Público do Trabalho com mais de dez anos de efetivo exercício, observado o disposto no artigo 94 da C.F., sendo os demais membros recrutados, dentre juízes dos Tribunais Regionais do Trabalho, integrantes da magistratura de carreira, que forem indicados pelo próprio Tribunal Superior.

No § 1°, do artigo 111-A, devolveu-se à lei a fixação da competência do Tribunal Superior do Trabalho, enquanto que, no § 2°, incisos I e II, previu-se que, funcionarão junto ao Tribunal Superior do Trabalho a Escola Nacional de Formação e Aperfeiçoamento de Magistrados do Trabalho, à qual, dentre outras funções, atribuiu-se a de regulamentar cursos oficiais para ingresso de magistrados e promoção na carreira, e, o Conselho Superior da Justiça do Trabalho, ao qual conferiu-se, na forma da lei, a supervisão administrativa, orçamentária, financeira e patrimonial da Justiça do Trabalho, de primeiro e segundo grau, tendo as decisões que proferir efeito vinculante.

Ainda a respeito do Conselho Superior da Justiça do Trabalho, dispôs o legislador constituinte derivado — mais uma vez com absoluta atecnia — em dispositivo inserido ao fim da Emenda 45 (artigo 6°), prevendo sua instalação, no mesmo prazo de cento e oitenta dias, estabelecido para o Conselho Nacional de Justiça e Conselho

Nacional do Ministério Público, atribuindo ao Tribunal Superior do Trabalho o encargo de regulamentar o seu funcionamento, enquanto não editada a lei prevista no artigo 111-A, § 2°, inciso II.

No tocante aos Tribunais Regionais do Trabalho, dispôs o legislador constituinte derivado, na citada Emenda, alterando, em parte, a redação do artigo 115 e seus incisos I e II da C.F., transformando o parágrafo único do artigo em § 1° e acrescentando-lhe mais um parágrafo.

Assim, no *caput* do artigo 115, declarou-se que os Tribunais Regionais Federais terão, no mínimo, sete juízes, que deverão ser recrutados, quando possível, na respectiva Região, dentre brasileiros com mais de trinta e menos de sessenta e cinco anos, sendo a nomeação ato do Presidente da República.

Nos incisos I e II do artigo 115, estabelecidos foram os critérios para a escolha dos membros dos Tribunais Regionais Federais, definindo-se, como anteriormente já se previa, que, um quinto dos referidos membros, devem ser escolhidos dentre Advogados com mais de dez anos de efetiva atividade profissional e membros do Ministério Público do Trabalho, com mais de dez anos de efetivo exercício na profissão, observado o disposto no artigo 94, e, os demais membros, mediante promoção de juízes do Trabalho, pelos critérios de antiguidade e merecimento, alternadamente.

Ainda a propósito dos Tribunais Regionais do Trabalho, a exemplo do que estabeleceu-se para os Tribunais de Justiça e Tribunais Regionais Federais, previu-se que poderão eles funcionar descentralizadamente, para tal, constituindo Câmaras regionais, para proporcionar "o pleno acesso do jurisdicionado à Justiça em todas as fases do processo".

A respeito dessa proposta descentralizadora, remetemos o leitor às críticas que fizemos, anteriormente, nos Capítulos dedicados aos Tribunais de Justiça dos Estados e Tribunais Regionais Federais.

De outro lado, no § 1º do artigo 115, preconizou-se a instalação de uma justiça itinerante, para a realização de audiências e demais funções de atividade jurisdicional, nos limites da respectiva jurisdição dos Tribunais Regionais, para seu funcionamento, podendo ser utilizados equipamentos públicos e comunitários.

No que diz respeito à competência atribuída à Justiça do Trabalho, registre-se que, a E.C. 45/2004, embora não a tenha alterado substancialmente, de certa forma alargou-a, quando da inclusão feita no artigo 114, dos incisos I a IX e com a nova redação dada aos parágrafos 2º e 3º daquele artigo.

Por força de tal alargamento, tem-se que, agora, à Justiça do Trabalho, é atribuída competência para processar e julgar: I — as ações oriundas da relação de trabalho, abrangidas as em que sejam partes entes de direito público externo e da administração pública direta e indireta, da União, dos Estados, do Distrito Federal e dos Municípios; II — as ações que envolvam o exercício do direito de greve; III — as ações em que se discuta representação sindical; os litígios entre sindicatos, entre sindicatos e trabalhadores e entre sindicatos e empregadores; IV — os mandados de segurança, *habeas corpus* e *habeas data*, quando o ato questionado envolver matéria sujeita à sua jurisdição; V — os conflitos de competência, entre os órgãos com jurisdição trabalhista, ressalvado o disposto no artigo 102, I, o, isto é, excetuados os conflitos de competência entre o Superior Tribunal de Justiça e quaisquer tribunais, entre Tribunais Superiores ou entre estes e qualquer outro tribunal — hipóteses em que a competência do Supremo Tribunal Federal encontra-se estabelecida —; VI — as ações de indenização por dano moral ou patrimonial, decorrentes da relação de trabalho; VII — as ações relativas às penalidades administrativas, impostas aos empregadores pelos órgãos de fiscalização das relações de trabalho; VIII — a execução, de ofício, das contribuições sociais, previstas no artigo 195, I, a e II e seus acréscimos, decorrentes das sentenças que proferir, isto é: as execuções, tendo por objeto as contribuições do empregador, da empresa, da entidade a ela equiparada, na forma da lei, incidentes sobre folha de salários, rendimentos de trabalho, pagos ou creditados a qualquer título à pessoa física que lhe preste serviço, mesmo sem vínculo empregatício; as contribuições do trabalhador e dos demais segurados da previdência social, excetuadas as incidentes sobre aposentadoria e pensão, concedidas pelo regime geral de previdência social, de que trata o artigo 201 da C.F. (matéria anteriormente tratada no § 3º do artigo 114); IX — outras controvérsias decorrentes da relação de trabalho, na forma da lei, (previsão que repete o que já se encontrava, anteriormente, declarado no *caput* do artigo 114 da Constituição Federal, em sua redação original).

Assim, de acordo com as previsões contidas nos incisos II, III e VI, introduzidos ao artigo 114 da Carta Magna pela E.C. 45/2004, expressamente estabelecida se encontra, agora, a competência da Justiça do Trabalho — que, anteriormente, ante os termos genéricos do *caput* do artigo citado, só por construção jurisprudencial era reconhecida — para o conhecimento de litígios que envolvam, respectivamente: o exercício do direito de greve; a representação sindical; as ações entre sindicatos; entre sindicatos e trabalhadores e entre aqueles e os empregadores, tendo constituído absoluta novidade, a fixação da competência, da Justiça Trabalhista, para o conhecimento de pedido de indenização por danos morais e patrimoniais oriundos da relação do trabalho.

No que diz respeito ao direito de greve (inciso II do art. 114), é certo que, mesmo quando ausente, anteriormente à Emenda Constitucional 45/2004, norma expressa a disciplinar a competência da Justiça do Trabalho para conhecer dos litígios em que tal direito estivesse sendo discutido, dita competência sempre foi reconhecida, pelo fato de ser evidente a existência, nesse caso, de controvérsia envolvendo relação de trabalho.

Com relação aos litígios relacionados com representação sindical — os exsurgidos entre sindicatos e trabalhadores ou entre sindicatos e empregadores, envolvendo cobrança de contribuição sindical — antes da edição da Emenda 45/2004, lavrava divergência sobre se a competência, para o julgamento de tais litígios seria da Justiça do Trabalho ou da Justiça do Estado.

Todavia, em relação aos litígios entre sindicatos, sempre se reconheceu, anteriormente, pelo menos no Tribunal de Justiça do Estado do Rio de Janeiro, que, em casos tais, a competência era da Justiça comum.

Nesse sentido, confira-se o acórdão, de que fomos relatora, na Apelação Cível 3130/98, da 7ª Câmara Cível

TJ-RJ., publicado na Revista de Jurisprudência do Tribunal de Justiça do Estado do Rio de Janeiro nº 37, pgs. 316/318.

Atualmente, porém, ante os expressos termos do inciso III do artigo 114, com a redação dada pela Emenda Constitucional 45/2004, nenhuma dúvida parece que se possa ter, de que, a competência para conhecer de litígio de tal natureza é da Justiça do Trabalho.

Já a previsão da competência da Justiça do Trabalho, para o conhecimento das causas envolvendo indenização por dano moral ou patrimonial, decorrente de relação do trabalho — novidade contida no inciso VI, do art. 114 da C. Federal, introduzido pela E.C. 45/2004 — tem despertado, todavia, entre os doutos, discussão, inclusive, posições divergentes no próprio Supremo Tribunal Federal, quando da apreciação de hipóteses em que formulado tenha sido pedido de indenização em ação envolvendo acidente do trabalho.

Examinando tal questão, a Primeira Turma do STF, em acórdão, de 01/02/2005, da lavra do Ministro Eros Grau, proferido por maioria de votos, no R.E. nº 394.943-8-S.P., vencidos os Ministros Carlos Brito e Marcos Aurélio Mello, assim decidiu:

"Recurso Extraordinário. Constitucional. Processual. Dano Moral e Material decorrente de acidente de trabalho. Competência.

1. É competente a Justiça Comum estadual para o julgamento das causas relativas à indenização por acidente de trabalho, bem assim, para as hipóteses de dano material e moral que tenham como origem esse fato jurídi-

co, tendo em vista o disposto no art. 109, I da Constituição do Brasil.
2. A nova redação dada ao artigo 114 pela E.C. 45/2004, não teve a virtude de deslocar para a Justiça do Trabalho a competência para o exame da matéria, pois expressamente refere-se o dispositivo constitucional a dano moral ou patrimonial, decorrentes de relação de trabalho. Recurso Extraordinário conhecido, mas não provido, mantida a competência da Justiça Comum para o exame da lide."

Na linha do entendimento do Pretório Excelso, firmado no acórdão do Ministro Eros Grau, assentaram os Desembargadores das Câmaras Cíveis do Tribunal de Justiça do Estado do Rio de Janeiro, o Enunciado nº 8, cujo teor é transcrito a seguir:

"A ação de responsabilidade civil de direito comum, fundada em acidente de trabalho, é da competência da Justiça Estadual, mesmo após a edição da Emenda Constitucional nº 45/2004.

Justificativa: Não obstante a redação dada ao artigo 114, VI da Constituição Federal, pela Emenda Constitucional nº 45/2004, atribuindo competência à Justiça do Trabalho para processar e julgar "as ações de indenização por dano moral ou patrimonial, decorrentes da relação de trabalho", permanecem na esfera da Justiça Estadual as originadas de acidente de trabalho, quando incorrer o empregador em dolo ou culpa (art. 7º, XXVIII da Carta Magna), pois o art. 109, I, não foi modificado e menciona essas ações e as de falência estranhas à esfera de competência daquela especializada, em consonância, a propósito, com recente decisão do Pleno do STF. (RE. 438639/9, Julg. em 9/03/05)

Idêntico entendimento firmou a 19ª Câmara Cível do Tribunal de Justiça do Paraná, como se vê do acórdão proferido no Agravo de Instrumento 292305-9, cuja ementa é a seguinte:

"Constitucional. Emenda nº 45/2004. Acidente do Trabalho. Direito Comum. Danos Materiais e Morais. Competência da Justiça Comum estadual. A pretensão indenizatória decorrente de infortúnio laboral, imputado ao empregador, processa-se perante a Justiça Comum. A regra específica do artigo 109, I, excepciona a do artigo 114, VI da Constituição Federal, com a redação conferida pela Emenda Constitucional nº 45/2004" (Acórdão de 19/05/2005) .

Sobre essa mesma questão de competência, voltou a decidir o Supremo Tribunal Federal, em acórdão de 14/06/05, da 2ª Turma, publicado no D.J. da União de 05/08/05, de que foi Relator o Ministro Carlos Veloso, proferido quando do julgamento do Agravo Regimental no Agravo de Instrumento 529763-BA., oportunidade em que, mais uma vez, foi reconhecida a competência da Justiça Comum Estadual para o conhecimento da controvérsia.

A título de ilustração, transcreve-se a seguir, a Ementa do aresto citado:

"Constitucional. Recurso Extraordinário. Ofensa à Constituição. Matéria Fática. Reexame de Prova. Súmula 279-STF. Acidente do Trabalho. Ação de Indenização. Competência. Justiça Comum Estadual. I — Somente a ofensa direta à Constituição autoriza a admissão do recurso extraordinário. II — O exame da controvérsia, em recurso extraordinário, demandaria o reexame de todo o contexto fático-probatório trazido aos autos, o que esbarra no óbice da Súmula 279-STF. III — Alegação de ofensa ao devido processo legal: C.F., art. 5°, LV: se ofensa tivesse havido, seria ela indireta, reflexa, dado que a ofensa direta seria a normas processuais. E a ofensa a preceito constitucional que autoriza a admissão do recurso extraordinário é a ofensa direta, frontal. IV — Alegação de ofensa ao inciso IX do artigo 93 da C.F.: improcedência, porque o que pretende a recorrente, no ponto, é impugnar a decisão que lhe é contrária, certo que o acórdão está suficientemente fundamentado. V — É competente a Justiça Comum Estadual para o julgamento das causas relativas à indenização por acidente do trabalho. Precedentes. VI — Agravo não provido."

Todavia, mais recentemente — como se lê de publicação feita no D.J. da União de 21/09/05 — o Supremo Tribunal Federal, conhecendo do Conflito de Competência 7204/MG, em que figuraram, respectivamente, como Suscitante: O Tribunal Superior do Trabalho e Suscitado: o Tribunal de Alçada de Minas Gerais (julgamento realizado em 29-06-2005), reformulando entendimento anteriormente assentado, reconheceu a competência da Justiça Trabalhista para o julgamento de ações de indenização por danos morais e materiais, decorrentes de acidente do trabalho, parecendo que estar-se-ia, agora, diante de posição pelo Tribunal Maior, definitivamente consolidada, por se tratar de entendimento firmado pelo Tribunal Pleno.

O aresto em referência tem a seguinte ementa:

"CONSTITUCIONAL. COMPETÊNCIA JUDICANTE EM RAZÃO DA MATÉRIA. AÇÃO DE INDENIZAÇÃO POR DANOS MORAIS E PATRIMO-

NIAIS DECORRENTES DE ACIDENTE DO TRABALHO, PROPOSTA PELO EMPREGADO EM FACE DE SEU (EX-)EMPREGADOR. COMPETÊNCIA DA JUSTIÇA DO TRABALHO. ART. 114 DA MAGNA CARTA. REDAÇÃO ANTERIOR E POSTERIOR À EMENDA CONSTITUCIONAL Nº 45/04. EVOLUÇÃO DA JURISPRUDÊNCIA DO SUPREMO TRIBUNAL FEDERAL. PROCESSOS EM CURSO NA JUSTIÇA COMUM DOS ESTADOS. IMPERATIVO DE POLÍTICA JUDICIÁRIA.

Numa primeira interpretação do inciso I do art. 109 da Carta de Outubro, o Supremo Tribunal Federal entendeu que as ações de indenização por danos morais e patrimoniais decorrentes de acidente do trabalho, ainda que movidas pelo empregado contra seu (ex-) empregador, eram da competência da Justiça comum dos Estados-Membros.

2. Revisando a matéria, porém, o Plenário concluiu que a Lei Republicana de 1988 conferiu tal competência à Justiça do Trabalho. Seja porque o art. 114, já em sua redação originária, assim deixava transparecer, seja porque aquela primeira interpretação do mencionado inciso I do art. 109 estava, em boa verdade, influenciada pela jurisprudência que se firmou na Corte sob a égide das Constituições anteriores.

3. Nada obstante, como imperativo de política juridiciária — haja vista o significativo número de ações que já tramitaram e ainda tramitam nas instâncias ordinárias, bem como o relevante interesse social em causa — o Plenário decidiu, por maioria, que o marco temporal da competência da Justiça trabalhista é o advento da E.C.

45/04. Emenda que explicitou a competência da Justiça Laboral na matéria em apreço.

4. A nova orientação alcança os processos em trâmite pela Justiça comum estadual, desde que pendentes de julgamento de mérito. É dizer: as ações que tramitam perante a Justiça comum dos Estados, com sentença de mérito anterior à promulgação da EC. 45/04, lá continuam até o trânsito em julgado e correspondente execução. Quanto àquelas cujo mérito ainda não foi apreciado, hão de ser remetidas à Justiça do Trabalho, no estado em que se encontram, com total aproveitamento dos atos praticados até então. À medida se impõe, em razão das características que distinguem a Justiça comum estadual e a Justiça do Trabalho, cujos sistemas recursais, órgãos e instâncias não guardam exata correlação.

5. O Supremo Tribunal Federal, guardião-mor da Constituição Republicana, pode e deve, em prol da segurança jurídica, atribuir eficácia prospectiva às suas decisões, com a delimitação precisa dos respectivos efeitos, toda vez que proceder a revisões de jurisprudência definidora de competência *ex ratione materiae*. O escopo é preservar os jurisdicionados de alterações jurisprudenciais que ocorram sem mudança formal do Magno Texto.

6. Aplicação do precedente consubstanciado no julgamento do Inquérito 687, Sessão Plenária de 25.08.99, ocasião em que foi cancelada a Súmula 394 do STF, por incompatível com a Constituição de 1988, ressalvadas as decisões proferidas na vigência do verbete.

7. Conflito de competência que se resolve, no caso, com o retorno dos autos ao Tribunal Superior do Trabalho."

É importante registrar, a título de ilustração que, em recentíssima decisão, publicada no Diário de Justiça da União de 12-12-05, página 268, o Superior Tribunal de Justiça, examinando hipótese especial, em que o pedido de indenização por dano moral, por acidente do trabalho, fora formulado pela esposa e filho de empregado falecido, decidiu pela competência da Justiça comum, em acórdão — da segunda Seção do STJ, de que foi Relator o Ministro Carlos Alberto Menezes Direito — cuja ementa se transcreve a seguir:

"Conflito de Competência. Acidente do Trabalho. Morte do Empregado. Ação de Indenização proposta pela esposa e pelo filho do falecido.

> 1. Compete à Justiça comum processar e julgar ação de indenização proposta pela mulher e pelo filho de trabalhador que morre em decorrência de acidente do trabalho. É que, neste caso, a demanda tem natureza exclusivamente civil, e não há direitos pleiteados pelo trabalhador ou, tampouco, por pessoas na condição de herdeiros ou sucessores destes direitos. Os autores postulam direitos próprios, ausente relação de trabalho entre estes e o réu.

2. Conflito conhecido para declarar a competência da Justiça comum".

Quanto ao mais, que a respeito da competência da Justiça do Trabalho se dispôs na E.C. 45/2004, merece realce o que estabeleceu, dita Emenda, no § 2º do artigo 114 da C.F., a propósito da ocorrência de recusa, de qualquer das partes, à negociação coletiva ou a submissão da divergência exsurgida à arbitragem, quando deixado claro foi, no referido dispositivo, que tal ocorrendo, assegurada será a iniciativa das partes, desde que estejam de acordo — e não mais aos sindicatos, como, anteriormente, se previa — para o ajuizamento de dissídio coletivo, de natureza econômica, à Justiça do Trabalho cabendo decidi-lo, com respeito às disposições mínimas de proteção ao trabalho em lei previstas, bem como as convencionadas anteriormente.

De grande importância, também, é a previsão contida no §3º — ao artigo 114 da C.F., acrescido pela E.C. 45/2004 — a conferir ao Ministério Público do Trabalho, *legitimatio* para ajuizamento de dissídio coletivo, em caso de greve em atividade essencial, de que possa resultar risco de lesão ao interesse público, outorgando competência à Justiça do Trabalho para sua solução.

Por fim, impende registrar que revestida de grande sentido social se afigura, a norma inserida no artigo 3º da E.C. 45/2004, em que se prevê a criação, pela lei, de um Fundo de Garantia das Execuções Trabalhistas, a ser composto por multas aplicadas em decorrência de condenações trabalhistas e de natureza administrativa, oriundas da fiscalização do trabalho e recolhidas de outras receitas — que se espera possa, efetivamente, garantir o cumprimento das decisões proferidas pela Justiça do Trabalho.

TRIBUNAIS E JUÍZES DOS ESTADOS. PREVISÃO DE SUA EXISTÊNCIA, NA CARTA MAGNA, COMO ÓRGÃOS DO PODER JUDICIÁRIO (ARTIGO 92, VII). JUSTIÇA ESTADUAL. ORGANIZAÇÃO DE ACORDO COM OS PRINCÍPIOS ESTABELECIDOS NA REFERIDA CARTA. COMPETÊNCIA DOS TRIBUNAIS: DEFINIÇÃO NA CONSTITUIÇÃO DE CADA ESTADO. JUSTIÇA MILITAR. DESCENTRALIZAÇÃO DA JUSTIÇA E JUSTIÇA ITINERANTE: PROPOSTAS FEITAS NA EMENDA CONSTITUCIONAL 45/2004.

O legislador constituinte originário, dos Tribunais e Juízes dos Estados, como órgãos integrantes do Poder Judiciário, tratou no artigo 92, VII, e, mais especificamente, nos artigos 125 e 126 da *Lex Fundamentalis*.

No artigo 125, *caput*, devolveu o legislador, aos Estados, a organização de sua Justiça, observados os princípios na Carta Federal contidos, no § 1º do artigo citado, conferindo competência às Constituições dos Estados, para a definição da competência dos Tribunais, aos quais assegurou a iniciativa para edição das respectivas leis de organização judiciária.

No § 2º do artigo 125, assegurou o legislador, no âmbito de cada Estado da Federação, o exame da constitucionalidade de leis ou atos normativos, estaduais ou municipais, em face da Constituição Estadual, se e quando oferecida representação, proibindo que a legitimação para oferecê-la fosse atribuída a um único órgão.

Para integrar a estrutura do Poder Judiciário dos Estados, previu o § 3º do artigo 125, a possibilidade da criação, através de lei, de iniciativa do Tribunal de Justiça, de uma Justiça Militar Estadual, constituída, em primeiro grau, pelos Conselhos de Justiça e em segundo grau pelo próprio Tribunal de Justiça ou pelo Tribunal de Justiça Militar, quando o efetivo da polícia militar no Estado for superior a vinte mil integrantes.

No § 4º do artigo 125, desde logo, definiu-se a competência da Justiça Militar, para processar e julgar policiais militares e bombeiros militares, nos crimes militares definidos em lei, ao tribunal competente cabendo decidir a respeito da perda do posto e da patente de oficiais e da graduação das praças.

Por fim, no artigo 126 e seu parágrafo único, previu o legislador constituinte a designação, pelo Tribunal de Justiça, de juízes de entrância especial para dirimir conflitos fundiários, com competência exclusiva para questões agrárias, recomendando que, sempre que necessário, ditos juízes se façam presentes nos locais dos litígios.

No Estado do Rio de Janeiro, guardada absoluta harmonia com os princípios insculpidos na Carta Política de 1988, o Poder Judiciário Estadual teve sua estrutura definida na Constituição do Estado, que previu como órgãos dele integrantes: o Tribunal de Justiça, os Tribunais de Alçada (que foram posteriormente extintos) e outros Tribunais criados por lei, os Juízes de Direito, os Conselhos da Justiça Militar, os Juizados Especiais e de Pequenas Causas e outros Juizados criados por lei, o Júri e os Juízes de Paz (art. 151, incisos I a IV e §§ 1º e 2º).

Na Constituição Estadual definiu-se, amplamente, a competência do Tribunal de Justiça e incluíram-se dispositivos especiais prevendo a criação dos Juizados Especiais — posteriormente feita pela Lei 2556/96 — para disciplina dos litígios segundo a Lei Federal 9099/95, à Lei de Organização Judiciária, tendo-se devolvido a definição da competência da Corte de Justiça e sua composição (artigos 160 e 161).

A Emenda Constitucional 45/2004, deixou intocados o *caput* do artigo 125 e seus §§ 1º e 2º da Carta Magna, tendo dado aos §§ 3º e 4º do artigo nova redação, a este acrescentando os §§ 5º, 6º e 7º, alterando, também o art. 126.

Assim, inalteradas ficaram as previsões, no artigo 125 contidas, que deferiram aos Estados a organização de sua Justiça, com a observância dos princípios na Lei Maior contidos e devolveram a definição da competência do Tribunal de Justiça, de cada Estado, às suas respectivas Cartas Políticas.

No § 3º do artigo 125, previu o legislador constituinte derivado a edição de lei estadual criando, por proposta do Tribunal de Justiça, a Justiça Militar Estadual, no referido dispositivo incluindo referência, que não havia antes, à presença de juízes de direito, integrando o primeiro grau da Justiça Militar, juntamente com os Conselhos de Justiça, àqueles deferindo, no § 5º do mesmo artigo, competência para "processar e julgar, singularmente, os crimes militares cometidos contra civis e, bem assim, as ações judiciais envolvendo atos disciplinares militares, cabendo ao Conselho de Justiça, sob a presidência de um juiz de direito, processar e julgar os demais crimes militares". No § 3º, previu-se, ainda, que, no segundo grau de jurisdição, estará posicionado o próprio Tribunal de Justiça ou o Tribunal de Justiça Militar, cuja existência tem-se como possível nos Estados, em que seja superior a vinte mil o efetivo militar, agora considerado como integrado, não apenas pela polícia militar — como antes era dito — mas também pelos contingentes das demais corporações militares.

A respeito da competência da Justiça Militar Estadual, dispôs a E.C. 45/2004, no § 4º do artigo 125, declarando competir-lhe o processo e julgamento dos militares do Estado, nos crimes militares, como tais definidos em lei (Código Penal Militar) — ressalvada a competência do Júri, quando a vítima for civil — tendo-se incluído, em tal competência, as ações judiciais contra atos que tenham aplicado punições disciplinares a militares, atribuindo-se, ao Tribunal competente — (Tribunal de Justiça ou Tribunal de Justiça Militar, quando houver) — a decisão sobre a perda do posto e da patente dos oficiais e da graduação das praças, como, aliás, anteriormente, já se previa.

Cuidado há de se ter, porém, para definição de um crime como militar, sendo imperioso, nesse caso, atentar-se para as disposições contidas no artigo 9º do Código Penal Militar.

Caracterizado que esteja o crime como militar, a competência para o seu julgamento será, sempre, da Justiça Militar, a teor do disposto no § 4º do artigo 125, naturalmente — lembre-se mais uma vez — excluída a hipótese de crime doloso contra a vida praticado por militar contra vítima civil, em que a competência do Júri, encontra-se na Carta Magna estabelecida (art. 5º, XXXVIII, alínea d).

Novidades constituíram as normas constantes dos §§ 6º e 7º, acrescidos, pela E.C. 45/2004, ao artigo 125 da Constituição Federal.

Na primeira delas (§ 6º), admitiu o legislador constituinte derivado que, os Tribunais de Justiça dos Estados, possam funcionar descentralizadamente, mediante a criação de Câmaras regionais, para proporcionar o pleno acesso dos jurisdicionados à Justiça, em todas as fases do processo.

Como já dissemos anteriormente, não se sabe se a experiência descentralizadora será capaz de produzir bons frutos, pois o ideal é que, um Tribunal, em princípio, se reúna em sua sede, para propiciar a troca de idéias, de conhecimento e de experiência, capaz de garantir a discussão harmoniosa das questões jurídicas, que aos julgadores são submetidas, tão importante para a consolidação da jurisprudência, o que só a proximidade dos membros de um Tribunal será capaz de assegurar.

Na segunda, (§7º), previu-se o funcionamento da Justiça itinerante — experiência que, a rigor, não constitui absoluta novidade — uma vez que já vem sendo testada, não só na Justiça do Estado do Rio de Janeiro, como na de diversos outros Estados da Federação — a respeito da qual, como bem lembrou Sérgio Bermudes, tem-se historicamente notícia como existente "no direito lusitano e brasileiro", feita, acrescenta o douto jurista: "pelo rei de Portugal, ou seus juízes, e, no Brasil, por determinados juízes, como os ouvidores. (Obra citada, pgs. 88/89).

Para o funcionamento dessa justiça deambulatória, previu-se, no § 6º, precitado, que serão realizadas audiências e demais funções da atividade judiciária, nos limites territoriais da respectiva jurisdição do Tribunal, podendo, para tal, serem utilizados equipamentos públicos e comunitários.

Sobre a Justiça Itinerante é importante registrar que, no Estado do Rio de Janeiro, mesmo antes da promulgação da E.C. 45/2004, já havia sido, dita Justiça, criada, em 08-12-2004, pela Resolução nº 10, de 24-06-2004, do Órgão Especial do Tribunal de Justiça do Estado, reconhecida que foi a necessidade de garantir, a todos, fácil acesso à Justiça, como previsto pela Declaração Universal de Direitos Humanos, criando-se, dessa forma — como foi dito na referida Resolução — "novo paradigma de realização de prestação jurisdicional, segundo a qual, os magistrados, de forma pró-ativa e renovadora, vão ao encontro das comunidades para promover a paz social, através da solução dos conflitos de interesses".

Nos termos em que foi concebida, no âmbito da Justiça do Estado do Rio de Janeiro, a Justiça Itinerante foi criada para atuar, com juízes especialmente designados pelo Presidente do Tribunal de Justiça, em unidades móveis, para atendimento — nas fases iniciais, em dias úteis, em horários previamente agendados — à população dos Municípios mais longínquos, que não sejam sede de Comarcas, para apreciação de questões relacionadas com matéria de: Direito de Família; Infância e Juventude; Juizados Especiais Cíveis e Criminais; Registro Civil de Pessoas Naturais, sendo prevista para tal funcionamento, uma estrutura cartorária simplificada, com servidores especialmente designados pelo Corregedor-Geral da Justiça, para fases posteriores, estando preconizada a extensão do atendimento a outros Municípios.

Por fim, no artigo 126, com a redação que lhe deu a E.C. 45/2004, determinou-se a criação, pelos Tribunais de Justiça dos Estados, de Varas especializadas com competência exclusiva para questões agrárias, idéia que, em princípio, não parece adequada à Justiça de certos Estados da Federação. No Estado do Rio de Janeiro, por exemplo, onde não se convive com conflitos fundiários importantes, a experiência da criação das Varas especializadas não parece proveitosa, na medida em que irá dar lugar à submissão de feitos, de tal natureza, sempre aos mesmos juízes, que ficariam, então, limitados a decidir a mesma matéria, com prejuízo para o desenvolvimento de suas carreiras.

Na nossa visão, teria sido mais adequado que a criação de tais Varas especializadas tivesse sido prevista, no artigo 126, como questão a ser avaliada pelos Tribunais de cada Estado da Federação e não como comando, do legislador constituinte, como parece sugerir a expressão imperativa: "o Tribunal de Justiça proporá", inserida no artigo citado.

MINISTÉRIO PÚBLICO. SÍNTESE HISTÓRICA DE SUA ORIGEM. AUTONOMIA ADMINISTRATIVA E FINANCEIRA ASSEGURADA PELA CONSTITUIÇÃO FEDERAL DE 1988. MEMBROS DO *PARQUET*. REQUISITOS PARA O INGRESSO NA CARREIRA. GARANTIAS E VEDAÇÕES. FUNÇÕES INSTITUCIONAIS. ALTERAÇÕES INTRODUZIDAS PELA EMENDA CONSTITUCIONAL 45/2004.

O Ministério Público, segundo anota João Francisco Sauwen Filho, teria tido a sua origem no Egito, como indicariam os achados arqueológicos, que recuperaram leis de quatro mil anos, que apontaram para a existência, à época, da figura do "funcionário real", ao qual eram atribuídos deveres "que hoje são afetos aos órgãos de atuação do Ministério Público" (*Apud* Ministério Público Brasileiro e o Estado Democrático de Direito, pg. 12).

Para Fernando Whitaker, existiria dúvida, sobre se a figura do acusador teria surgido primeiro "no Egito, em Roma (*Procuratores Caeseris*); na Itália medieval (*Avogadori di Communi*); na Suécia (*bailios)* ou na Alemanha (*Nachrichter*)", sendo certo porém — prossegue o douto constitucionalista — que, dita figura, só teve a sua existência consolidada depois que houve a separação dos Poderes, tendo sido a "*Ordenance* de Felipe, o Belo, de 1302", o primeiro documento histórico que fez menção ao representante do Ministério Público (O Sistema Constitucional Brasileiro, pgs. 320/321).

A imperiosa necessidade de criar-se a figura do acusador público, encarregado da *persecutio criminis*, integrado ao corpo de uma instituição, já era, desde 1908, preconizada por Garofalo, com a observação, à época então feita, de que: "Em alguns Estados, na Inglaterra, por exemplo, como na antiga Roma, falta à instituição do Ministério Público, um magistrado que, independentemente da vontade dos ofendidos, tem missão de perseguir o delito, até obter a sua justa punição. Uma tal instituição é um verdadeiro progresso, porque significa que o combate contra o crime é um dever social, e não uma faculdade do cidadão." (*Apud* O Ministério Público. O Crime Organizado e a Nova Ordem Processual Penal — Walbert Fernandes de Lima e Mendelsohn Erwin K. Cardona Pereira — estudo jurídico publicado na Revista do Ministério Público, Vol. 5, pgs. 179/188)

O modelo em que se baseou o legislador para definição das funções institucionais do Ministério Público, experimentou evolução através dos tempos, lembrando Hugo Nigro Mazzilli que "foram os textos napoleônicos que instituíram o Ministério Público que a França veio a conhecer na atualidade" (O Ministério Público na Constituição de 1988, pg. 4).

No Brasil, sobre o Ministério Público como instituição, dispôs-se, pela primeira vez, na Carta Política de 1934 (artigos 95 a 98).

Na Constituição outorgada em 1937, editada no curso de regime autoritário, do Ministério Público tratou-se no Capítulo dedicado ao Poder Judiciário, mais precisamente, no artigo 99, dispositivo no qual apenas declarou-se que a instituição era chefiada pelo Procurador-Geral da República, aos membros do *parquet* tendo-se garantido a ocupação de um quinto das vagas nos Tribunais Superiores.

A Carta Magna de 1946, abriu Capítulo próprio para o Ministério Público (arts. 125 a 128), preconizando a edição de lei para sua organização.

A *Lex Fundamentalis* de 1967, voltou a tratar do Ministério Público em Capítulo dedicado ao Poder Judiciário, com a Emenda Constitucional 01/69, feita à Lei Maior, tendo, então, o Ministério Público, sido tratado em Capítulo próprio (arts. 94 a 96).

Na Constituição Federal de 1988, dedicada foi ao Ministério Público a Seção I do Capítulo IV (arts. 127 a 130), no artigo 127 tendo o legislador constituinte originário, ao Ministério Público se referido como: "instituição permanente, essencial à função jurisdicional do Estado, incumbindo-lhe a defesa da ordem jurídica, do regime democrático, dos interesses sociais e individuais indisponíveis".

Sobre os requisitos para o ingresso na carreira do Ministério Público, dispôs o legislador constituinte originário, no § 3º do artigo 129, prevendo a submissão do candidato a concurso público de provas e títulos, do qual deve participar a Ordem dos Advogados do Brasil, observando-se, para nomeação, a ordem de classificação, tendo-se feito, no § 2º do artigo 129, a advertência, limitadora do exercício das funções do Ministério Público aos integrantes da carreira, prevendo que eles deverão residir na Comarca da respectiva lotação, sendo ainda importante, a previsão, no § 4º do artigo contida, a propósito da aplicação, ao Ministério Público, no que couber, das regras nos incisos II e VI do artigo 93 da Carta Federal contidas, que disciplinam a promoção na carreira e a fixação dos subsídios para os membros do *parquet*.

No § 1º do artigo 127, foram enunciados como princípios institucionais do Ministério Público: a unidade, a indivisibilidade e a independência funcional.

No § 2º do citado artigo, ao Ministério Público assegurou-se autonomia funcional e administrativa, e, no § 3º, outorgou-se-lhe a iniciativa para elaboração de sua proposta orçamentária, observados os limites estabelecidos na lei de diretrizes e bases, garantindo-lhe, portanto, — a exemplo do que ao Poder Judiciário se assegurou — autonomia financeira.

Sobre os órgãos que integram o Ministério Público, dispôs-se no artigo 128, no § 1º do artigo, tendo sido estabelecidos os critérios para a escolha do Procurador-Geral da República, com a previsão de que o seu mandato terá duração de dois anos, sendo possível a recondução, devendo dita escolha ser feita dentre os integrantes da carreira, com mais de trinta e cinco anos, cabendo a nomeação ao Presidente da República, após aprovação pela maioria absoluta do Senado Federal. No § 2º previu-se a possibilidade da destituição do Procurador-Geral da

República por ato do Presidente da República, após autorização, pela maioria absoluta do Senado.

No § 3º, estabeleceu-se que o Procurador-Geral nos Estados, Distrito Federal e Territórios, deve ser escolhido, na forma da lei respectiva, dentre integrantes da carreira, indicados em lista tríplice, para um mandato de dois anos, permitida uma recondução, no § 4º, admitindo-se, que ele possa ser destituído, por deliberação da maioria absoluta do Poder Legislativo, na forma da lei complementar respectiva.

O § 5º, do artigo 128, previu a edição de leis complementares, de iniciativa dos Procuradores-Gerais, que devem dispor sobre a organização e definição de atribuições e o estatuto de cada Ministério Público, com a previsão das garantias relacionadas no inciso I, a, b e c do artigo 128, e a enunciação das vedações contidas no inciso II, a até e. do artigo citado, a saber: a vitaliciedade, após dois anos de exercício, só sendo possível a perda do cargo por sentença judicial transitada em julgado; a inamovibilidade, salvo por interesse público; a irredutibilidade dos subsídios, nas vedações estando incluídas: a proibição de receber o membro do Ministério Público, a qualquer título, honorários, percentagens ou custas processuais; exercer advocacia; participar de sociedade comercial na forma da lei; exercer, ainda que em disponibilidade qualquer outra função pública, salvo uma de magistério; e exercer atividade político-partidária, salvo exceções previstas em lei.

Das funções institucionais do Ministério Público, tratou o legislador constituinte originário, especificamente, no artigo 129, I a IX.

Como assinalamos em nossa obra "Estudos Constitucionais":

"No artigo 129, I a VIII da Constituição Federal, foram expressamente definidas as funções do Ministério Público, estabelecidas em perfeita harmonia com a sua destinação institucional, nos incisos citados tendo-se disposto a respeito das denominadas funções típicas, no inciso IX, tendo se tratado das funções atípicas — das quais constituem exemplos mais importantes: as ações *ex delicto* (art. 68 do Código de Processo Penal) — e aquela outra prevista no artigo 477, § 3º da CLT.

Na hipótese do inciso I do artigo 129 da Carta Federal de 1988, o Ministério Público é o titular da ação penal pública, a qual lhe incumbe intentar, privativamente, no caso de inércia, incidindo para aplicação o estatuído no artigo 5º, LIX da mesma Carta.

Quanto às funções atribuídas, no inciso II do artigo 129, estão identificadas com tudo que diga respeito ao interesse público e direitos na Constituição Federal consagrados, em casos tais funcionando o Ministério Público, ora diretamente na defesa de tais direitos, ora como fiscal da aplicação da lei.

No inciso III do artigo 129, dentre as funções do Ministério Público, alinhou o legislador constituinte, a iniciativa para promoção do inquérito civil e ação civil pública: o primeiro destinado à coleta de elementos para ajuizamento da última, que se previu pode ser proposta para a proteção do patrimônio público e social, do meio ambiente e de outros interesses difusos e coletivos, convindo registrar que, para tais ações, a legitimação do Ministério Público não exclui a de terceiros, como previsto no § 1º do art. 129.

Os interesses ou direitos difusos, de que cuidam o inciso I do parágrafo único do artigo 81, da Lei 8078/90, são nele definidos como sendo aqueles interesses "transindividuais de natureza indivisível, de que sejam titulares pessoas indeterminadas e ligadas por circunstâncias de fato".

Já os interesses ou direitos coletivos, como está na lei, são aqueles interesses "transindividuais de natureza indivisível de que seja titular grupo, categoria ou classe de pessoas ligadas entre si, ou com a parte contrária, por uma relação jurídica base".

Quanto aos chamados direitos individuais homogêneos, como tais são conceituados, pela lei, aqueles que, simplesmente, tenham "origem comum" (art. 81, parágrafo único, inciso III da Lei 8078/90).

A respeito da matéria envolvendo direitos difusos discorreu, com absoluta propriedade, Hugo Nigro Mazzilli, de cujo magistério se extrai o seguinte trecho *verbis*:

"Tratando-se da defesa de interesses difusos, pela abrangência dos interesses, a atuação do Ministério Público sempre será exigível. Já na matéria de interesses coletivos e de interesses individuais homogêneos, o Ministério Público atuará sempre que: a) haja manifesto interesse social evidenciado pela dimensão ou pelas características do dano (mesmo o dano potencial); b) seja acentuada a relevância do bem jurídico a ser defendido; c) esteja em questão a estabilidade de um sistema social, jurídico ou econômico." (A Defesa dos Interesses Difusos em Juízo — pg. 115/117)

Convém ainda anotar que, dentre as funções institucionais, ao Ministério Público, atribuídas estão, ainda, incluídas — como previsto no inciso IV do art. 129 — a propositura da ação de inconstitucionalidade e a representação, para fins de intervenção da União e dos Estados (art. 36, III e IV CF), no âmbito estadual estando tal competência disciplinada nas respectivas Cartas Estaduais.

No inciso V do art.129 incluiu, ainda, o legislador constituinte como função institucional ao M.P. atribuída, a defesa judicial de direitos e interesses das populações indígenas (art. 231), conferindo-lhe competência — que, na verdade, não é exclusiva, mas sim concorrente — para propositura da ação, como previsto na norma do art. 232 da Carta Magna".

Constituem funções institucionais do M.P., também, as relacionadas nos incisos VI e VIII do art.129, através das quais garantiu o legislador constituinte, aos membros do M.P., a iniciativa de, respectivamente: fazer expedir notificações, nos procedimentos administrativos de sua competência, com objetivo de instruí-los (inciso VI); requisitar diligências investigatórias e, finalmente, provocar a instauração de inquérito policial, tudo de modo a permitir a formação da *opinio delictis*, necessária à propositura da ação penal (inciso VIII).

Especial destaque merece, ainda, a previsão contida no inciso VII do art. 129, que incluiu, nas funções institucionais do M.P., o controle externo da atividade policial, abrangente dos poderes investigatórios e de fiscalização, que se previu poderão ser exercidos na fase do inquérito policial, previsão que guarda perfeita harmonia, com o que a respeito da atividade policial a Lei Maior dispõe, presente que, como assinala Sérgio Demoro

Hamilton, em precioso estudo jurídico publicado: "a Constituição Federal não conferiu exclusividade à polícia civil, para investigação penal", como deflui, acrescentamos, do texto do inciso IV do art.144 da Carta Magna (*Apud* "A amplitude das atribuições do Ministério Público na investigação penal" — Revista do Ministério Público do Estado do Rio de Janeiro, vol. 6, pgs. 226/243).

No mesmo sentido, confira-se a opinião de Júlio Fabbrini Mirabete, trazida à colação, no estudo jurídico retrocitado, firme a proclamar:

"Os atos de investigação, destinados à elucidação dos crimes, entretanto, não são exclusivos da polícia judiciária, ressalvando expressamente a lei a atribuição concedida legalmente a outras autoridades administrativas (art.4º do CPP)". (*ib idem*, pg. 235)

De anotar-se que, no inciso IX do art.129, admitiu o legislador constituinte, como possível, o exercício pelo Ministério Público das chamadas funções atípicas, desde que compatíveis com sua destinação constitucional, constituindo exemplo mais importante do exercício de tais funções — como já se assinalou anteriormente — a legitimação, tipicamente concorrente, que a lei confere ao M.P. para a propositura da chamada ação *ex delicto* (art. 68 do CPP), que, se admite, pode ser ajuizada pelo membro do *parquet*, quando o titular do direito à reparação do dano for pobre, nesse caso, agindo o M.P. como substituto processual, já que comparece a juízo, em nome próprio, na defesa do direito do lesado.

Exemplo ainda do exercício de funções atípicas exercidas pelo Ministério Público constitui, como já se registrou anteriormente, a assistência dada pelo M.P. ao trabalhador — quando não existir na localidade Defensor Público — em caso de rescisão de contrato de trabalho (art.477, § 3º da CLT).

Como considerações finais, sobre essa matéria, vale assinalar que, o artigo 130 da C.F, prevê a presença do M.P. nos Tribunais de Contas, atuação, sem dúvida, importante, tendo presente as altas funções de fiscalização, pelos referidos Tribunais desenvolvidas, quer no âmbito Federal, quer no Estadual, nesse caso funcionando o M.P. como órgão auxiliar de controle externo dos orçamentos dos Chefes dos três Poderes e das contas dos administradores e demais responsáveis por dinheiro público (artigos 70 *usque* 75 da Carta Federal).

A Emenda Constitucional 45/2004, no capítulo dedicado ao Ministério Público, deixou intocados, dentre outros dispositivos, o *caput* do artigo 127 e seus §§ 1º, 2º e 3º, que, respectivamente: identificam o Ministério Público como instituição essencial à função jurisdicional do Estado no regime democrático; proclamam seus princípios institucionais; asseguram-lhe autonomia funcional e administrativa, conferindo-lhe a iniciativa da proposta de seu orçamento.

Nítidos, portanto, permanecem, na Carta Magna, ao Ministério Público reconhecidos, os princípios da unidade, indivisibilidade e independência funcional.

A unidade, no texto constitucional reconhecida, como princípio institucional do Ministério Público, visa defini-lo como órgão único.

A indivisibilidade, dá a idéia inicial da indivisão, de modo a caracterizar o Ministério Público como órgão submetido a uma autoridade diretiva una que, embora existente, não retira dos membros do *parquet* a autonomia de conduta.

A independência, na nossa visão é, dos três princípios institucionais, o mais importante, soa — como a define De Plácido e Silva, em seu Dicionário (pg. 816) — como "ausência de qualquer mando ou autoridade de outro órgão na sua administração", logo se vendo, que foi inserido no texto da Carta Política brasileira para deixar clara a posição de não subordinação do Ministério Público a qualquer outro Poder, de modo a representar, para a sociedade, verdadeira garantia.

A autonomia funcional e administrativa, ao Ministério Público conferida constitui garantia de sua independência, representando conquista, no texto original da Carta Magna de 1988 obtida, a excluir toda e qualquer idéia de subordinação da instituição a outra autoridade, quando das decisões que tiver de tomar, com relação à organização de seus serviços e à administração de seu orçamento.

É importante registrar que, a E.C. 45/2004, embora tivesse deixado intocados os princípios retroreferidos, introduziu aos artigos 127,128 e 129 algumas alterações.

No que diz respeito ao artigo 127, vê-se que acrescidos foram ao mesmo três parágrafos (§§ 4º, 5º e 6º), nos quais, o legislador constituinte derivado, dispôs — a exemplo do que havia feito no artigo 99 da C.F., em relação ao Poder Judiciário — sobre a proposta orçamentária do Ministério Público, estabelecendo prazo para o seu encaminhamento, limites a serem observados e regras para a sua execução.

No § 4º do art. 127, previu-se que o Poder Executivo — caso o Ministério Público não encaminhe a respectiva proposta orçamentária no prazo estabelecido na lei de diretrizes orçamentárias — levará em consideração a proposta orçamentária vigente, com os ajustes feitos de acordo com a lei precitada.

No § 5º do art.127, permitiu-se que, o Poder Executivo, possa proceder ao ajuste da proposta orçamentária aos limites estipulados no § 3º do artigo, quando, com tais limites, estiver ela em desacordo.

No § 6º do artigo 127, proibiu-se a realização de despesas ou assunção de obrigações, que ultrapassem os limites da lei de diretrizes orçamentárias, exceção aberta para as que tenham sido objeto de prévia autorização, mediante abertura de créditos suplementares ou especiais, limitação de suma importância, para ser meditada à luz da Lei de Responsabilidade Fiscal.

Para assegurar ao Ministério Público a execução do seu orçamento, manteve o legislador, na E.C. 45/2004, a previsão contida no artigo 168, garantidora do repasse, até o dia vinte de cada mês — que, agora, se explicitou, será feito em duodécimos — dos recursos correspondentes às dotações orçamentárias, compreendidos os créditos suplementares especiais.

Com relação ao artigo 128 da C.F., vê-se que, no elenco das garantias aos membros do *parquet* concedidas (§ 5º, inciso I), ao tratar a E.C. 45/2004 da inamovibilidade (§ 5º, I, alínea b) e da possibilidade de, havendo interesse público, ser dita garantia desconsiderada, passou-se a exigir, agora, que tal só possa ocorrer mediante o voto da maioria absoluta dos membros do órgão colegiado competente do Ministério Público, e não, simplesmente, pelo voto de dois terços daqueles membros, como antes se previa, mantida a garantia da ampla defesa.

Ainda a propósito da garantia da inamovibilidade, importante é trazer à colação o magistério do Ministro Sepúlveda Pertence — que pode ser lido na Revista do Ministério Público, vol. 10, pg. 304 — expressado quando do julgamento, no STF. do *Habeas Corpus* 70.290, forte a advertir no sentido de que, dita garantia, deve ser considerada em harmonia com os princípios da unidade e da indivisibilidade, ao Ministério Público constitucionalmente reconhecidos, afastada a idéia de que possam ser vistos como em desconsideração a estes princípios "os institutos, deles decorrentes, da avocação e da substituição", que, acrescentamos, em casos especiais possam ser aplicados, por exemplo, quando de designação especial, que a Chefia do *parquet* precise fazer, de membro do Ministério Público, para funcionar em determinado processo, em substituição ao que estiver nele, originariamente, atuando, providência que, de forma alguma, poderá ser vista como violadora do princípio do "promotor natural", salvo se e quando demonstrados venham a ser o casuísmo ou a abusividade das substituições.

Alterações foram ainda introduzidas, pela E.C. 45/2004, ao elenco das vedações, no inciso II do art. 128 contidas: a primeira, quando à alínea e do referido inciso, deu-se nova redação, excluindo a ressalva "salvo exceções previstas na lei" — que se lia, anteriormente, no dispositivo, inserida após a declaração da proibição imposta, ao membro do Ministério Público, de exercer atividade político-partidário — destarte procurando deixar claro o comando do legislador constituinte derivado, no sentido de tornar a proibição, agora, absoluta, afastando, assim, toda e qualquer possibilidade do exercício de tal tipo de atividade, por membro do *parquet*; a segunda, consistente na inserção, que se fez no inciso II do art. 128 da alínea f, prevendo a aplicação, aos membros do Ministério Público, da mesma regra proibitiva, preconizada no inciso IV do art. 93, para os membros do Poder Judiciário, vedatória da possibilidade de receberem eles "a qualquer título ou pretexto, auxílios ou contribuições de pessoas físicas, entidades públicas ou privadas, ressalvadas as exceções previstas em lei", previsão, sem dúvida, merecedora de aplausos, porque garantidora da independência da instituição e de seu absoluto alheamento a interesses outros que não sejam realmente aqueles, cuja defesa na Lei Maior lhe é atribuída.

O legislador, todavia — como já se disse anteriormente — cuidou de inserir, na norma da alínea f do inciso II do art. 128, exceção à regra proibitiva nela contida, quando expressamente declarou: "ressalvadas as exceções previstas em lei".

É oportuno registrar, porém, que devolvida que foi à lei a criação da exceção, é de se exigir, como observa Sérgio Bermudes, que dita lei seja "clara e restritivamente interpretada, a fim de que a sua parte não se converta em caminho de desrespeito à proibição benfazeja" (Obra citada, pg. 102).

Ainda com referência ao artigo 128, anote-se que, ao mesmo acrescentou, a E.C. 45/2004, mais um parágrafo (§ 6º), em que prevista foi aplicação, ao M.P., da norma do parágrafo único, inciso V do art. 95 — que estabeleceu para os membros do Poder Judiciário a chamada "quarentena" — proibindo, aos referidos membros, o exercício da advocacia, no juízo ou tribunal em que tenham atuado, "antes de decorridos três anos do afastamento do cargo por aposentadoria ou exoneração", restrição que entendemos absolutamente justa e salutar, capaz de afastar toda e qualquer idéia de tratamento especial ou diferenciado — que em homenagem ao cargo, que recentemente exercia, possa-se ao membro do *parquet* dispensar — no exercício da advocacia, com desconsideração ao princípio da igualdade das partes no processo.

No tocante ao artigo 129, vê-se que não foram substanciais as alterações introduzidas, pela E.C. 45/2004, aos seus §§ 2º, 3º e 4º.

Assim, no que diz respeito ao § 2º, do artigo citado, que proclama privativa de integrante da carreira o exercício das funções inerentes ao Ministério Público e impõe aos seus membros a obrigação de residir na comarca de sua respectiva lotação, a alteração que se introduziu, consistiu em mera ressalva, relacionada com a possibilidade da dispensa, de tal obrigação, pelo Chefe da instituição.

Com relação ao § 3º do art. 129, vê-se que o legislador constituinte derivado — a exemplo do estabelecido no inciso I do art. 93, dedicado ao Poder Judiciário — cuidou, agora, desde logo, de explicitar os requisitos exigidos dos candidatos, para o ingresso na carreira do Ministério Público, registrando, ao lado da previsão — já anteriormente contida no texto constitucional, de que se submetam eles a concurso público de provas e títulos, realizado com a participação da Ordem dos Advogados do Brasil — a exigência de que os candidatos, bacharéis em direito, tenham, no mínimo, três anos de atividade jurídica, observando-se, por ocasião da nomeação dos aprovados, a ordem de classificação no concurso.

Outrossim, ao § 4º do art. 129, deu a E.C. 45/2004, nova redação para, agora, declarar de forma genérica, a incidência, para aplicação ao Ministério Público, no que couber, do disposto no artigo 93 da C.F. — abandonando a redação anterior que, especificamente, se referia, aos incisos II e VI do artigo precitado — parecendo, destarte, ter procurado deixar claro que incidem para aplicação ao Ministério Público, *mutatis mutandi*, as mesmas regras no artigo previstas para aplicação ao Poder Judiciário, notadamente, as que estabelecem critérios para a submissão a concurso público e para promoção e bem assim as que preconizam presteza no exercício da função.

Quanto ao § 5º, acrescido ao art. 129, pela E.C. 45/2004, vê-se que, ao prever, também, para o Ministério Público, a distribuição imediata dos processos, nada mais fez o legislador constituinte do que repetir, o que já havia declarado na norma abrangente do § 4º do artigo, presente que, a distribuição imediata dos processos, é regra contida no inciso XV do artigo 93, que o § 4º declarou aplicável ao Ministério Público, no que couber.

Por fim, com o artigo 130-A, acrescido pela E.C. 45/2004, ao capítulo dedicado ao Ministério Público, criou o legislador constituinte derivado o Conselho Nacional do Ministério Público, a respeito do qual discorreremos no capítulo seguinte.

CONSELHO NACIONAL DO MINISTÉRIO PÚBLICO. COMPOSIÇÃO E ATRIBUIÇÕES.

No Capítulo que dedicamos ao Ministério Público, registramos que, na Carta Magna de 1988, o legislador constituinte originário, ao Ministério Público se referiu, no artigo 127, definindo-o como "instituição permanente, essencial à função jurisdicional do Estado", em suas atribuições tendo incluído: "a defesa da ordem jurídica, do regime democrático e dos interesses sociais e individuais indisponíveis".

Na referida Carta, distanciando-se do modelo anterior — mercê do qual do Ministério Público vinha se tratando, em Capítulo dedicado ao Poder Judiciário — o legislador constituinte dele passou a cuidar em Seção própria, diluindo — como observou Emerson Garcia, em estudo jurídico publicado na Revista do Ministério Público nº 16, pg. 56 — "os estreitos vínculos outrora existentes, entre o Ministério Público e o Poder Executivo", em razão das garantias que lhe conferiu, tendo alçado o Ministério Público à "posição de órgão verdadeiramente independente".

Com a declaração de tal independência, e é ainda Emerson Garcia quem observa: "A Constituição de

1988, outorgou ao Ministério Público garantias condizentes com a relevância de suas atividades finalísticas, logrando dissociá-lo dos três Poderes estatais, isto para utilizarmos a divisão tripartite consagrada por Montesquieu". (*ib idem*, pg. 69)

Não foi por razão outra que Rui Barbosa, como lembrou Fernando Whitaker, ao Ministério Público se referia como "alta magistratura" (Obra citada, pg. 325).

Constituindo, como de fato constitui, a independência, predicado que aos membros do Ministério Público é reconhecido, de tudo resulta — como anota Sérgio Demoro Hamilton, citando magistério de Hugo Nigro Mazzilli — não se encontrarem, os referidos membros, "subordinados a qualquer órgão ou poder, submissos que estão, tão-somente, à sua consciência e aos limites traçados pela lei". (A Dúvida de Atribuição e o Princípio da Autonomia Funcional — Estudo Jurídico publicado *in* Revista do Ministério Público, nº 14, pgs. 201/206)

A independência, pelo Ministério Público conquistada, no texto da Constituição Federal de 1988, parece-nos, todavia, que — com a criação que se fez para ele, na E.C. 45/2004, de um órgão de controle — estaria ameaçada, além de comprometida a autonomia e a independência de seus membros.

Com efeito, como se lê do artigo 130-A, introduzido na Lei Maior pela E.C. 45/2004, o legislador constituinte derivado, nos mesmos termos concebidos para o Poder Judiciário, criou para o Ministério Público um órgão de controle, com composição ligeiramente menor (quatorze membros), assim distribuídos: I) Procurador-Geral, que deve exercer a Presidência do Conselho; II) quatro membros do Ministério Público da União, escolhidos de cada uma de suas carreiras; III) três membros do Ministério Público dos Estados; IV) dois Juízes indicados, um pelo Supremo Tribunal Federal e o outro, pelo Superior Tribunal de Justiça; V) dois advogados, indicados pelo Conselho Federal da Ordem dos Advogados do Brasil; VI) dois cidadãos de notável saber jurídico e reputação ilibada, indicados, um pela Câmara dos Deputados e outro pelo Senado Federal. Estabeleceu, ainda, a Emenda, que a escolha dos membros do Conselho oriundos do Ministério Público, caberá aos respectivos Ministérios Públicos, na forma da lei.

A exemplo do que se estipulou em relação ao Poder Judiciário, quando da criação do Conselho Nacional de Justiça, conferiu-se, ao Conselho Nacional do Ministério Público, competência para o controle, não só da atuação administrativa e financeira do Ministério Público, como também do cumprimento dos deveres funcionais de seus membros.

Nos limites de tal competência, foram, então, alinhadas as seguintes atribuições: I) o encargo de zelar pela autonomia funcional e administrativa do Ministério Público, com autorização, ao Conselho, para expedição de atos regulamentares e recomendação de providências; II) a preservação dos princípios da legalidade, impessoalidade, moralidade, publicidade e eficiência, que devem estar presentes nos atos da administração pública e nos dos Poderes da Nação, como previsto no artigo 37 da Carta Magna, com a possibilidade, inclusive, de desconstituição ou revisão, pelo Conselho, de atos praticados por membros ou órgãos do Ministério Público da União ou dos Estados, se e quando tais princípios tenham sido desconsiderados, nesse caso, ao Conselho permitindo-se a adoção de providências, de modo a adequar, ditos atos, ao figurino da lei, tudo sem embargo do que possa ser, pelos Tribunais de Contas, nos limites de sua competência decidido; III) o recebimento e conhecimento de reclamações contra membros, órgãos ou servidores do Ministério Público da União ou dos Estados, sem prejuízo da competência disciplinar e correcional que para tal é reservada à instituição, assegurada ao Conselho a possibilidade de avocar processos disciplinares em curso; determinar a remoção, disponibilidade ou aposentadoria, com subsídios ou proventos proporcionais, ao tempo do serviço ou aplicar sanções administrativas, sempre garantido o direito de defesa; IV) a revisão, de ofício, ou mediante provocação, de processos disciplinares de membros do Ministério Público da União ou dos Estados, que tenham sido julgados há menos de um ano.

No § 3º do artigo 130-A, previu o legislador constituinte a escolha, pelo Conselho, dentre os membros do Ministério Público que o integram, um Corregedor nacional, afastada a possibilidade de sua recondução, ao qual caberá: conhecer de reclamações e denúncias contra membros do Ministério Público e servidores; exercer funções executivas do Conselho, relacionadas com inspeção e correição geral; requisitar e designar, membros do Ministério Público, aos quais poderá delegar atribuições e bem assim, servidores de órgãos do Ministério Público.

Previu-se, outrossim, no § 4º do artigo 130-A, que oficiará, no Conselho, o Presidente do Conselho Federal da Ordem dos Advogados do Brasil, tendo-se estabelecido, ainda, no inciso V do § 2º do artigo 130-A, a obrigatoriedade da apresentação, pelo Conselho, de relatório anual, no qual se discorrerá sobre a situação do Ministério Público no País com propostas de providências, se e quando necessárias, ao mesmo tempo, relatando-se as atividades do Conselho.

Por fim, a exemplo do que foi estabelecido para o Poder Judiciário (§ 7º do art. 103-B), preconizou-se, no § 5º do artigo 130-A, a criação, pela União e Estados, através de leis, de ouvidorias do Ministério Público, com competência para receber reclamações e denúncias, de qualquer interessado, contra membros do Ministério Público, inclusive, contra seus serviços auxiliares, e, quando for o caso, para oferecer, diretamente, representação ao Conselho Nacional do Ministério Público.

A criação de um órgão de controle para o Ministério Público, estaria a merecer aplausos não fora a composição que se deu, ao referido órgão, e as atribuições que lhe foram conferidas, claramente violadoras da soberania e independência daquele órgão.

Com efeito, como anotou Cristiano Chaves de Farias, em artigo publicado na Revista do Ministério Público nº 9/1999, páginas 57/60, o Ministério Público, como instituição, existente no Brasil desde 1890, nasceu atrelada ao Poder Executivo, sendo certo, porém, que na Constituição Federal de 1988 "ganhou nova feição, adquiriu respeitabilidade institucional e consolidou sua mais verdadeira e nobre missão: zelar pela justiça e resguardar a própria sociedade".

Para o exercício de tão grave missão, precisa, portanto, o Ministério Público ter garantida a sua independência.

Destarte, instituir mecanismo de controle sobre seus membros, por meio de um Conselho, com a composição prevista no artigo 130-A, soa como tentativa de intimidação — que, aliás, no próprio corpo do Projeto da Emenda Constitucional da Reforma da Justiça, o legislador constituinte derivado até intentou fazer — com as roupagens de nítido autoritarismo, quando por meio de proposta, que foi com lucidez pela maioria dos congressistas rejeitada, quis inserir no referido Projeto, previsão que preconizava aplicação de sanção administrativa, que podia chegar até a própria perda do cargo, por juiz ou membro do Ministério Público, que, a respeito de processo, houvesse transmitido, aos meios de comunicação, informações que fossem consideradas violadoras da intimidade, da vida privada, da imagem e da honra das pessoas, como se aquelas autoridades não conhecessem os verdadeiros limites que, na ordem constitucional vigente, devem existir entre o direito à informação, e a proteção, na Carta Magna assegurada, à imagem, a honra e a intimidade das pessoas (artigo 5º, incisos X e XIV), presente o princípio constitucional de que, só poderá haver restrição à publicidade de atos do processo, quando "a defesa da intimidade ou o interesse social o exigirem" (inciso LX do artigo 5º da Constituição Federal).

Ocorre que, tal mecanismo, foi criado, integrado ao próprio texto constitucional, representado pela figura do Conselho Nacional do Ministério Público — instituído pela E.C. 45/2004 — que tem a integrá-lo, ao lado de membros do Ministério Público, pessoas absolutamente estranhas àquela instituição, Conselho esse, ao qual se conferiu atividade censória, mercê da qual, aos membros do mesmo Conselho, foi, como já se disse anteriormente, atribuída competência até para reapreciação de processos disciplinares, instaurados contra membros do *Parquet*, há menos de um ano, o que, mais uma vez registramos, poderá, inclusive, criar o risco de desconsideração à coisa julgada, que, dentro desse lapso de tempo, já tenha se consolidado.

É certo que, o Conselho do Ministério Público, nos limites de suas atribuições, não pode, como observa Sérgio Bermudes, ingerir "no conteúdo dos atos funcionais dos membros da instituição, cuja independência funcional o § 1° do artigo 127 da Constituição assegura". Assim, prossegue o douto jurista: "Não pode o Conselho, v.g., alterar a denúncia de um promotor, a promoção de um procurador, nem desistir da ação civil pública eventualmente ajuizada (art.129, III). Não pode aplicar sanção por "delito de opinião", na fórmula de Rui, como se punisse um dos membros do Ministério Público, por entender errônea a sua manifestação ou iniciativa processual". (Obra citada, pg. 160)

Na nossa visão, contudo, atribuir competência a um Conselho — que dentre seus membros possui pessoas absolutamente estranhas à instituição do Ministério Público — para avocar processo disciplinares; aplicar sanções como: a remoção, a disponibilidade ou aposentadoria, de membro do *Parquet*, soa como verdadeira ingerência e afronta à independência da instituição, constituindo situação, absolutamente estranha ao Estado Democrático de Direito.

ADVOCACIA E DEFENSORIA PÚBLICA. FUNÇÕES VISTAS COMO ESSENCIAIS À JUSTIÇA. ADVOGADO. INVIOLABILIDADE DE SEUS ATOS E MANIFESTAÇÕES NO EXERCÍCIO DA PROFISSÃO. LIMITES. DEFENSORIA PÚBLICA. FUNÇÕES E ATRIBUIÇÕES. SUBMISSÃO DE SEUS INTEGRANTES ÀS REGRAS CONTIDAS NOS ARTIGOS 39, § 4º c/c 37, X e XI DA CONSTITUIÇÃO FEDERAL. AUTONOMIA FUNCIONAL E ADMINISTRATIVA CONCEDIDA PELA EMENDA CONSTITUCIONAL 45/2004. ADVOCACIA PÚBLICA. BREVES CONSIDERAÇÕES.

A Carta Magna de 1988, dedicou ao advogado e aos defensores públicos apenas três artigos (artigos 133, 134 e seu parágrafo único e 135).

Historicamente, o exercício da advocacia em nosso país, recebeu disciplina nas Ordenações Afonsinas e Manuelinas, lembrando Celso Bastos que, de acordo com as disposições então vigentes, "somente poderiam advogar aqueles que cursassem Direito Canônico ou Direito Civil, durante oito anos, na Universidade de Coimbra, e, após dois anos de conclusão dos estudos. Quem exercesse a advocacia sem estar para tanto habilitado poderia ser preso. Também corria risco de prisão aquele que abandonasse a causa". (Curso de Direito Constitucional, pg. 420)

O primeiro órgão de classe no país foi o Instituto da Ordem dos Advogados do Brasil, criado em 1843, como precursor da Ordem dos Advogados do Brasil, cuja criação foi feita, posteriormente pelo Decreto 19.408/30.

O exercício da profissão de advogado está disciplinado na Lei 8906/94 (Estatuto dos Advogados), onde enunciados foram os direitos e deveres do advogado; as condições para sua inscrição no órgão de classe; os princípios éticos que devem presidir a sua atuação; as regras para definição de incompatibilidades e impedimentos; critérios para a fixação de honorários e previsão das hipóteses em que a aplicação de sanções disciplinares pode ter lugar.

Sob o comando da norma contida no artigo 78 da Lei 8906/94, editou o Conselho Federal da Ordem dos Advogados do Brasil, o Regulamento Geral do Estatuto da Advocacia e da OAB, no qual enunciadas foram normas disciplinadoras da advocacia em geral, particularmente, da advocacia pública.

Na Carta Política de 1988, dispensado foi grande relevo à Ordem dos Advogados do Brasil, como órgão de classe, o que ocorreu quando: a) no art.103, VII, conferiu-se, ao Conselho Federal da referida Ordem, legitimidade para o ajuizamento de ação direta de inconstitucionalidade; b) no artigo 93, I admitiu-se a participação da OAB, em todas as fases do concurso para a carreira da magistratura; c) no artigo 94, reservou-se, como órgão de classe, o encargo da elaboração das listas sêxtuplas para o preenchimento dos cargos destinados aos advogados no Superior Tribunal de Justiça, nos Tribunais Regionais Federais, nos Tribunais Regionais do Trabalho, nos Tribunais dos Estados e do Distrito Federal (artigos 104, II, 111, § 2º da Constituição Federal).

No texto constitucional de 1988, dedicou o legislador constituinte originário, à advocacia e à Defensoria Pública, Seção própria no Capítulo IV que trata das Funções Essenciais à Justiça.

O advogado, no artigo 133, foi considerado indispensável à administração da justiça, sendo proclamado "inviolável por seus atos e manifestações no exercício da profissão, nos limites da lei".

A expressão "nos limites da lei", no artigo citado incluída, deixa, todavia, claro, que tal inviolabilidade está sujeita a limites que encontram seus pontos de referência na ética profissional, no respeito às leis e à ordem jurídica.

O advogado, no processo moderno, é o grande colaborador do juiz, na distribuição da Justiça. É presença importante no processo — como lembra Henri Robert — para estabelecer o equilíbrio da balança de Themis. Tem atuação relevante, como instrumento de ligação do juiz com as partes, pois é o advogado que traz aos autos, com os ornamentos de sua cultura jurídica, de sua lógica e de sua persuasão, a pretensão nos autos deduzida, apresentada com as roupagens da eloqüência.

À Defensoria Pública, na Constituição de 1988, conferiu-se papel de suma importância na administração da

Justiça, já que lhe foi atribuída a defesa dos necessitados, em todos os graus de jurisdição (art.134).

É através da Defensoria Pública que o Estado cumpre a obrigação constitucional de dar "assistência jurídica integral e gratuita aos que comprovarem insuficiência de recursos" (art. 5º, LXXIV).

A preocupação de se assegurar assistência jurídica gratuita aos carentes — como lembra Celso Bastos, já estava presente: no "Código de Hamurabi, nas normas vigentes em Atenas e em Roma e no Digesto (Livro I, Título XVI — *De Officio Provensulis et legati*)" — Autor e obra citados, pg. 422).

No Brasil, a existência da assistência judiciária gratuita foi prevista, inicialmente, nas Ordenações Filipinas.

As Constituições do Império (1824) e a primeira Constituição da República (1891), à existência da assistência judiciária gratuita não se referiram, o que só veio a acontecer nos textos das Constituições de: 1934; 1946 (art. 141, § 5º); 1969 (art. 153, § 32) e, por fim, na Carta Política de 1988 (art. 5º, LXXIV), voltando a ser mencionada, nesta última, aliás, erigida em direito fundamental aos carentes reconhecido.

Com a prestação de assistência judiciária gratuita, aos hipossuficientes, preocupou-se, também, o legislador ordinário, editando a Lei 1060/50, atualmente vigente com as alterações que lhe foram introduzidas pelas Leis 6014/73, 6248/75, 6465/77, 6654/79, 6707/79, 7115/83,7288/84, 7510/86, 7871/89 e 10.317/01.

No texto da Lei 1060/50, derrogado deve ser visto, porém, o seu artigo 4º — com a redação dada pela Lei 7115/83 — expresso que é o inciso LXXIV, do artigo 5º da Carta de 88, ao exigir, agora, como condição para o deferimento da assistência judiciária gratuita, a prova efetiva da insuficiência de recursos do requerente, que há de ser pelo juiz livremente apreciada, já não bastando mais, como se previa anteriormente, no artigo 4º da Lei 1060/50, a simples declaração de insuficiência de recursos, por parte do requerente.

Responsável pela prestação de assistência judiciária gratuita aos necessitados, a Defensoria Pública tem sua existência prevista na Lei Complementar nº 80/94, diploma legal no qual disposições foram inseridas sobre sua estrutura; direitos, garantias, prerrogativas, deveres, responsabilidades e vedações impostas aos seus membros, nestas últimas, estando contida a proibição do exercício da advocacia "fora das atribuições institucionais"; definidas foram suas funções institucionais, nelas incluídas; a conciliação de conflitos; o patrocínio de causas em ações cíveis e penais, além de regras gerais estabelecidas para a organização da Defensoria Pública nos Estados.

Na Carta Magna de 1988, ainda a respeito da Defensoria Pública, dispôs o legislador constituinte originário, no artigo 39, § 4º, para submeter a remuneração de seus membros às previsões contidas nos incisos X e XI, do artigo 37 da mesma Carta, no que diz respeito aos critérios de revisão e submissão dos subsídios aos limites estabelecidos, tendo presente o teto constitucional.

A Emenda Constitucional 45/2004, da Advocacia e Defensoria Pública só tratou, especificamente, em alguns artigos.

Assim: a) no inciso I do art. 93, repetindo previsão já anteriormente existente, admitiu a participação da Ordem dos Advogados do Brasil, em todas as fases do concurso para o ingresso na carreira da magistratura; b) no artigo 93, IX, reconheceu a essencialidade da presença do advogado nos julgamentos, mesmo nos casos em que o sigilo seja recomendado; c) no artigo 95,V, proibiu o exercício da advocacia a membro da magistratura, em juízo ou tribunal, de que tenha se afastado, antes de decorridos três anos do afastamento do cargo por aposentadoria ou exoneração; d) nos artigos 111-A, I e 115, I, repetiu as previsões, anteriormente existentes, a respeito da destinação de vagas a advogados no Tribunal Superior do Trabalho e nos Tribunais Regionais do Trabalho; e) nos artigos 103-B, XII e 130-A, V, admitiu a presença de advogados, como membros do Conselho Nacional de Justiça e do Conselho Nacional do Ministério Público, com indicação feita pelo Conselho Federal da Ordem dos Advogados do Brasil; f) nos artigos 103-B, § 6º e 130-A, § 4º, permitiu que oficie, junto ao Conselho Nacional de Justiça, e ao Conselho Nacional do Ministério Público, o Presidente do Conselho Federal da Ordem dos Advogados do Brasil; g) no artigo 134, § 2º, assegurou às Defensorias Públicas Estaduais autonomia funcional e administrativa, nela incluída a iniciativa de seu orçamento; h) no artigo 168, garantiu à Defensoria Pública o recebimento, até o dia vinte de cada mês, em duodécimos, dos recursos de suas dotações orçamentárias, neles incluídos os créditos suplementares e especiais.

A propósito das novas disposições constitucionais que contemplaram a Defensoria Pública, impende registrar que, de suma importância, foram as que proclamaram a sua autonomia funcional e administrativa e garantiram a elaboração de seu próprio orçamento, com o repasse, em data determinada, das verbas respectivas (artigos 134, § 2º e 168), novidades que, introduzidas pela E.C. 45/2004, vieram a assegurar à Defensoria Pública — o que antes já fora concedido ao Poder Judiciário e ao Ministério Público — autonomia financeira, tão importante para o funcionamento da instituição.

Sobre a Advocacia Pública algumas palavras merecem ser ditas.

A Advocacia-Geral da União surgiu com a Carta Magna de 1988, sendo certo que sua criação, como observou Celso Ribeiro Bastos, veio a preencher lacuna, que vinha obrigando o Ministério Público a cumprir dúplice atividade, que incluía, de um lado: "as clássicas funções de defensor da ordem jurídica, de guardião da lei, promovendo a acusação penal, bem como fiscal da aplicação do direito em processos entre terceiro", e, de outro, o desempenho do "papel de advogado da União, defendendo-a nos processos contra ela movidos, ou mesmo quando autora" (obra citada, pg. 419).

Para disciplinar e organizar o funcionamento da Advocacia-Geral da União, editada foi a Lei Complementar 70 de 10-02-93, na qual fixadas foram — em harmonia com a Lei Maior — as funções institucionais do referido Órgão; sua estrutura; direitos e deveres de seus membros, constituindo norma de suma importância, que na referida Lei se incluiu, a contida no § 1º do artigo 40, que atribuiu, aos pareceres do Advogado-Geral da União — que tenham merecido aprovação do Presidente da República — força vinculante, impondo sua observância pelos órgãos das entidades da administração federal.

A Emenda Constitucional 45/2004, a respeito da Advocacia Pública nada de novo dispôs.

Assim, permaneceram inalteradas as normas dos artigos 131 e 132, que a erigiram em órgão de representação da União; de consulta e assessoramento jurídico do Poder Executivo; deferiram a chefia da instituição ao Advogado-Geral da União, de livre nomeação pelo Presidente da República; enunciaram regras gerais para o ingresso nas classes iniciais das carreiras, mediante concurso público, devolvendo à lei complementar a sua estrutura organizacional.

TRIBUNAIS DE ALÇADA. EXCELÊNCIA DAS FUNÇÕES QUE DESENVOLVERAM, ENQUANTO EXISTIRAM. EXTINÇÃO DECRETADA PELO ARTIGO 4º E SEU PARÁGRAFO ÚNICO DA EMENDA CONSTITUCIONAL 45/2004. MEDIDAS QUE DEVEM SER TOMADAS, PELOS TRIBUNAIS DE JUSTIÇA DOS ESTADOS DA FEDERAÇÃO, ONDE AQUELES TRIBUNAIS MENORES EXISTIAM, PARA TORNAR EFETIVA A EXTINÇÃO NO TEXTO CONSTITUCIONAL ORDENADA.

Os Tribunais de Alçada, criados em alguns Estados da Federação, cumpriram, enquanto existiram, tarefa importantíssima na distribuição da Justiça, solvendo assombroso volume de serviço, representado por processos, de menor complexidade, que assoberbavam os Tribunais de Justiça.

No Estado do Rio de Janeiro, a existência de Tribunais de Alçada, dotados de autonomia administrativa, estava prevista no artigo 163 da Constituição do Estado, em harmonia com o referido texto constitucional, tendo sido criados dois Tribunais: de Alçada Cível e Criminal, com competência, em matéria cível, limitada aos recursos interpostos em ações: relativas a locação de imóveis; possessórias; envolvendo matéria fiscal da competência dos municípios; procedimentos sumaríssimos, em razão da matéria; acidentes do trabalho e execução por título extrajudicial, exceto a relativa a matéria fiscal da competência dos Estados, e, em matéria criminal, limitada a *habeas corpus* e recursos; crimes contra o patrimônio; infrações às quais não fosse cominada pena de reclusão, exceto os crimes ou contravenções relativos a tóxicos ou entorpecentes e a falência.

A Emenda Constitucional 07/98, introduzida à Constituição do Estado, revogando o artigo 163 da referida Constituição, extinguiu os Tribunais de Alçada, medida que, à época, quando proposta, combatemos com veemência, já prevendo a inconveniência que iria representar, como de fato representou, o agigantamento do Tribunal de Justiça e o brutal volume de serviço que iria assoberbá-lo, o que, realmente, aconteceu.

A discussão sobre a oportunidade, ou conveniência, da manutenção nos Estados da Federação, daqueles Tribunais menores, esvaziou-se, porém, por força do comando contido no artigo 4º e seu parágrafo único da Emenda Constitucional 45/2004, que foi expresso ao decretar a extinção daqueles Tribunais, ordenando a integração de seus membros aos quadros dos respectivos Tribunais de Justiça, respeitados, em relação a cada um deles, a antiguidade e a classe de origem.

O comando assim inserido pelo legislador constituinte derivado na E.C. 45/2004, parece-nos, todavia, em testilhas com a norma ínsita no artigo 96, inciso II, alínea c da Constituição Federal — pela referida Emenda não revogada — que aos Tribunais de Justiça reserva a competência privativa para: "criação ou extinção dos tribunais inferiores".

É questão constitucional que se desperta merecedora de discussão.

Quanto à ordem de integração automática, dos membros dos extintos Tribunais de Alçada, aos quadros das Cortes de Justiça dos Estados, constitui medida impositiva que, cumprida que venha a ser nos termos em que foi concebida, sem maiores indagações, irá retirar dos Tribunais de Justiça, a liberdade de recusa ao acesso, de alguns dos referidos membros, que, eventualmente, precisar de ser manifestada, liberdade essa que, às Cortes de Justiça, não pode ser, evidentemente, suprimida, pena de desfiguração do que deveria ser, na verdade, uma promoção pelos critérios alternados de antiguidade e merecimento, única forma de acesso, até então, constitucionalmente garantida.

Estabelecido que foi, no parágrafo único do artigo 4º da E.C. 45/2004, o prazo de cento e oitenta dias, contados da promulgação da Emenda, para que os Tribunais de Justiça, por ato administrativo, promovam a integração aos seus quadros dos membros dos Tribunais de Alçada extintos, é certo que, caso dita integração não venha a ser, no referido prazo, efetivada, os referidos membros, como bem assinalou Sérgio Bermudes: "ficarão à espera do ato de integração, mas já com o título" (Obra citada, pg. 169).

Quando da extinção, daqueles Tribunais menores, nos Estados da Federação, em que existirem, necessária será alteração — também no prazo de cento e oitenta dias previsto no artigo 4º da Emenda — dos Códigos de Organização e Divisão Judiciárias, respectivos, a exemplo do que se fez, anteriormente, no Estado do Rio de Janeiro, por meio da Lei 2856, de 08-12-97, que unificou a segunda instância; extinguiu os cargos então existentes dos Tribunais de Alçada Cível e Criminal e criou número correspondente de cargos de desembargador no Tribunal de Justiça, prevendo seu preenchimento através de promoção.

Embora não tenha sido dito, no texto do artigo 4º e seu parágrafo único da E.C. 45/2004, imperiosa será, também, a aprovação, em cada Estado, de Emenda, à respectiva Constituição, em cujo texto a existência de Tribunal de Alçada estiver prevista, para exclusão de tal previsão, providência que há de depender de proposta, do próprio Tribunal, à Assembléia Legislativa do Estado, ante os encerros dos artigos 60, e 96, II, c da Constituição Federal.

Providências complementares foram recomendadas no parágrafo único do artigo 4º da Emenda, para a preservação, também, dos direitos dos inativos e pensionistas e aproveitamento dos servidores dos Tribunais extintos, nos Tribunais de Justiça de cada Estado, matéria que há de ser tratada nas respectivas Leis de Organização Judiciária.

BIBLIOGRAFIA

Celso Ribeiro Bastos — Comentários à Constituição do Brasil — Editora Saraiva (1988)

Celso Ribeiro Bastos — Curso de Direito Constitucional — Editora Saraiva (2000)

Diogo de Figueiredo Moreira Neto — Reformas e Poder Judiciário — Revista Cidadania e Justiça — Ano 3, nº 6, 1º Semestre — 1999

Fernando Whitaker — O Sistema Constitucional Brasileiro — Editora Espaço Jurídico (1996)

Fernando Whitaker — Teologia e Política — SCOR Editora TECCI (2005)

Hugo Nigro Mazzilli — O Ministério Público na Constituição de 1988 — Editora Saraiva (1988)

Ives Granda da Silva Martins — Poder Judiciário. A Reforma do Século — Anais do Congresso — Revista da Escola Paulista da Magistratura (1999)

J. Cretella Júnior — Elementos de Direito Constitucional — Editora Revista dos Tribunais (2000)

João Francisco Sauwen Filho — Ministério Público e o Estado Democrático de Direito — Editora Renovar (1999)

José Affonso da Silva — Poder Constituinte e Poder Popular — Malhares Editora Ltda. (2000)

José Carlos Barbosa Moreira — Reflexos da Emenda Constitucional nº 45 de 2004 no Processo Civil — Revista da EMERJ — vol. 8, nº 32 (2005)
José Saulo Pereira Ramos — Poder Judiciário. A Reforma do Século — Anais do Congresso — Revista da Escola Paulista da Magistratura (1999)
Maria Stella V.S. Lopes Rodrigues — Recursos da Nova Constituição — Editora Revista dos Tribunais (1990)
Mauro Cappelletti — *Il Potere Dei Giudici* — Tradução de René David — Editora Economica *Presses Universitaires D'AIX Marseille* — Paris (1999)
Nagib Slaibi — A Publicidade no Processo Judicial — Notas sobre a nova redação do artigo 93, IX da Constituição — Revista da EMERJ — Vol. 8, nº 32 (2005)
Raul Machado Horta — Estudo Jurídico publicado na Revista de Informação Legislativa — Ano 29, nº 115
Sérgio Bermudes — A Reforma do Judiciário pela Emenda Constitucional nº 45 — Editora Forense (2005)
Sérgio Demoro Hamilton — A Dúvida de Atribuição e o Princípio da Autonomia Funcional- Revista do Ministério Público, nº 14 — (2001)
Sérgio Demoro Hamilton — A Amplitude das Atribuições do Ministério Público na Investigação Penal — Revista do Ministério Público nº 6 (1997)
Tatyana Sheila Friedrich — Uma Juíza Brasileira no Tribunal Penal Internacional — Revista Consultor Jurídico (2003)
Walberto Fernandes de Lima e Mendelsohn Erwin K. Cardona Pereira — O Ministério Público, o Crime Organizado e a Nova Ordem Processual Penal — Revista do Ministério Público nº 5 (1997)
Waldemar Zweiter — O Controle do Poder Judiciário — Revista Cidadania e Justiça — Ano 3, nº 6 (1999).

EMENDA CONSTITUCIONAL Nº 45, DE 30 DE DEZEMBRO DE 2004

Altera dispositivos dos arts. 5º, 36, 52, 92, 93, 95, 98, 99, 102, 103, 104, 105, 107, 109, 111, 112, 114, 115, 125, 126, 127, 128, 129, 134 e 168 da Constituição Federal, e acrescenta os arts. 103-A, 103B, 111-A e 130-A, e dá outras providências.

AS MESAS DA CÂMARA DOS DEPUTADOS E DO SENADO FEDERAL, nos termos do § 3º do art. 60 da Constituição Federal, promulgam a seguinte Emenda ao texto constitucional:

Art. 1º Os arts. 5º, 36, 52, 92, 93, 95, 98, 99, 102, 103, 104, 105, 107, 109, 111, 112, 114, 115, 125, 126, 127, 128, 129, 134 e 168 da Constituição Federal passam a vigorar com a seguinte redação:

"Art. 5º...

....

LXXVIII-a todos, no âmbito judicial e administrativo, são assegurados a razoável duração do processo e os meios que garantam a celeridade de sua tramitação.

....

§ 3º Os tratados e convenções internacionais sobre direitos humanos que forem aprovados, em cada Casa do

Congresso Nacional, em dois turnos, por três quintos dos votos dos respectivos membros, serão equivalentes às emendas constitucionais.

§ 4º O Brasil se submete à jurisdição de Tribunal Penal Internacional a cuja criação tenha manifestado adesão." (NR)

"Art. 36. ....

....

III-de provimento, pelo Supremo Tribunal Federal, de representação do Procurador-Geral da República, na hipótese do art. 34, VII, e no caso de recusa à execução de lei federal.

IV-(Revogado).

...." (NR)

"Art. 52..

....

II-processar e julgar os Ministros do Supremo Tribunal Federal, os membros do Conselho Nacional de Justiça e do Conselho Nacional do Ministério Público, o Procurador-Geral da República e o Advogado-Geral da União nos crimes de responsabilidade;

...." (NR)

"Art. 92 ....

....

I-A o Conselho Nacional de Justiça;

....

§ 1º O Supremo Tribunal Federal, o Conselho Nacional de Justiça e os Tribunais Superiores têm sede na Capital Federal.

§ 2º O Supremo Tribunal Federal e os Tribunais Superiores têm jurisdição em todo o território nacional." (NR)

"Art. 93. ....

I-ingresso na carreira, cujo cargo inicial será o de juiz substituto, mediante concurso público de provas e títulos, com a participação da Ordem dos Advogados do Brasil em todas as fases, exigindo-se do bacharel em direito, no mínimo, três anos de atividade jurídica e obedecendo-se, nas nomeações, à ordem de classificação;

II —..

....

c) aferição do merecimento conforme o desempenho e pelos critérios objetivos de produtividade e presteza no exercício da jurisdição e pela freqüência e aproveitamento em cursos oficiais ou reconhecidos de aperfeiçoamento;

d) na apuração de antigüidade, o tribunal somente poderá recusar o juiz mais antigo pelo voto fundamentado de dois terços de seus membros, conforme procedimento próprio, e assegurada ampla defesa, repetindo-se a votação até fixar-se a indicação;

e) não será promovido o juiz que, injustificadamente, retiver autos em seu poder além do prazo legal, não podendo devolvê-los ao cartório sem o devido despacho ou decisão;

III-o acesso aos tribunais de segundo grau far-se-á por antigüidade e merecimento, alternadamente, apurados na última ou única entrância;

IV-previsão de cursos oficiais de preparação, aperfeiçoamento e promoção de magistrados, constituindo etapa obrigatória do processo de vitaliciamento a participação em curso oficial ou reconhecido por escola nacional de formação e aperfeiçoamento de magistrados;

....

VII-o juiz titular residirá na respectiva comarca, salvo autorização do tribunal;

VIII-o ato de remoção, disponibilidade e aposentadoria do magistrado, por interesse público, fundar-se-á em decisão por voto da maioria absoluta do respectivo tribunal ou do Conselho Nacional de Justiça, assegurada ampla defesa;

VIII-A-a remoção a pedido ou a permuta de magistrados de comarca de igual entrância atenderá, no que couber, ao disposto nas alíneas a, b, c e e do inciso II;

IX-todos os julgamentos dos órgãos do Poder Judiciário serão públicos, e fundamentadas todas as decisões, sob pena de nulidade, podendo a lei limitar a presença, em determinados atos, às próprias partes e a seus advogados, ou somente a estes, em casos nos quais a preservação do direito à intimidade do interessado no sigilo não prejudique o interesse público à informação;

X-as decisões administrativas dos tribunais serão motivadas e em sessão pública, sendo as disciplinares tomadas pelo voto da maioria absoluta de seus membros;

XI-nos tribunais com número superior a vinte e cinco julgadores, poderá ser constituído órgão especial, com o mínimo de onze e o máximo de vinte e cinco membros, para o exercício das atribuições administrativas e jurisdicionais delegadas da competência do tribunal pleno, provendo-se metade das vagas por antigüidade e a outra metade por eleição pelo tribunal pleno;

XII-a atividade jurisdicional será ininterrupta, sendo vedado férias coletivas nos juízos e tribunais de segundo grau, funcionando, nos dias em que não houver expediente forense normal, juízes em plantão permanente;

XIII-o número de juízes na unidade jurisdicional será proporcional à efetiva demanda judicial e à respectiva população;

XIV-os servidores receberão delegação para a prática de atos de administração e atos de mero expediente sem caráter decisório;

XV-a distribuição de processos será imediata, em todos os graus de jurisdição."(NR)

"Art. 95. ....

....

Parágrafo único. Aos juízes é vedado:

....

IV-receber, a qualquer título ou pretexto, auxílios ou contribuições de pessoas físicas, entidades públicas ou privadas, ressalvadas as exceções previstas em lei;

V-exercer a advocacia no juízo ou tribunal do qual se afastou, antes de decorridos três anos do afastamento do cargo por aposentadoria ou exoneração." (NR)

"Art. 98. ....

....

§ 1º (antigo parágrafo único) ....

§ 2º As custas e emolumentos serão destinados exclusivamente ao custeio dos serviços afetos às atividades específicas da Justiça." (NR)

"Art. 99. ....

....

§ 3º Se os órgãos referidos no § 2º não encaminharem as respectivas propostas orçamentárias dentro do prazo estabelecido na lei de diretrizes orçamentárias, o Poder Executivo considerará, para fins de consolidação da proposta orçamentária anual, os valores aprovados na lei orçamentária vigente, ajustados de acordo com os limites estipulados na forma do § 1º deste artigo.

§ 4º Se as propostas orçamentárias de que trata este artigo forem encaminhadas em desacordo com os limites estipulados na forma do § 1º, o Poder Executivo procederá aos ajustes necessários para fins de consolidação da proposta orçamentária anual.

§ 5º Durante a execução orçamentária do exercício, não poderá haver a realização de despesas ou a assunção de obrigações que extrapolem os limites estabelecidos na lei de diretrizes orçamentárias, exceto se previamente autorizadas, mediante a abertura de créditos suplementares ou especiais." (NR)

"Art. 102. ....

I —...

....

h) (Revogada)

....

r) as ações contra o Conselho Nacional de Justiça e contra o Conselho Nacional do Ministério Público;

....

III —...

....

d) julgar válida lei local contestada em face de lei federal.

....

§ 2º As decisões definitivas de mérito, proferidas pelo Supremo Tribunal Federal, nas ações diretas de inconstitucionalidade e nas ações declaratórias de constitucionalidade produzirão eficácia contra todos e efeito vinculante, relativamente aos demais órgãos do Poder Judiciário e à administração pública direta e indireta, nas esferas federal, estadual e municipal.

§ 3º No recurso extraordinário o recorrente deverá demonstrar a repercussão geral das questões constitucionais discutidas no caso, nos termos da lei, a fim de que o Tribunal examine a admissão do recurso, somente podendo recusá-lo pela manifestação de dois terços de seus membros." (NR)

"**Art. 103.** Podem propor a ação direta de inconstitucionalidade e a ação declaratória de constitucionalidade:

....

IV-a Mesa de Assembléia Legislativa ou da Câmara Legislativa do Distrito Federal;

V-o Governador de Estado ou do Distrito Federal;

....

§ 4º (Revogado)." (NR)

"**Art. 104.** ....

Parágrafo único. Os Ministros do Superior Tribunal de Justiça serão nomeados pelo Presidente da República, dentre brasileiros com mais de trinta e cinco e menos de sessenta e cinco anos, de notável saber jurídico e reputação ilibada, depois de aprovada a escolha pela maioria absoluta do Senado Federal, sendo:

...." (NR)

"Art. 105. ....

I —...

....

i) a homologação de sentenças estrangeiras e a concessão de exequatur às cartas rogatórias;

....

III —..

....

b) julgar válido ato de governo local contestado em face de lei federal;

....

Parágrafo único. Funcionarão junto ao Superior Tribunal de Justiça:

I-a Escola Nacional de Formação e Aperfeiçoamento de Magistrados, cabendo-lhe, dentre outras funções, regulamentar os cursos oficiais para o ingresso e promoção na carreira;

II-o Conselho da Justiça Federal, cabendo-lhe exercer, na forma da lei, a supervisão administrativa e orçamentária da Justiça Federal de primeiro e segundo graus, como órgão central do sistema e com poderes correicionais, cujas decisões terão caráter vinculante." (NR)

"Art. 107. ....

....

§ 1º (antigo parágrafo único) ....

§ 2º Os Tribunais Regionais Federais instalarão a justiça itinerante, com a realização de audiências e demais funções da atividade jurisdicional, nos limites territoriais da respectiva jurisdição, servindo-se de equipamentos públicos e comunitários.

§ 3º Os Tribunais Regionais Federais poderão funcionar descentralizadamente, constituindo Câmaras regionais, a fim de assegurar o pleno acesso do jurisdicionado à justiça em todas as fases do processo." (NR)

"Art. 109. ....

....

V-A as causas relativas a direitos humanos a que se refere o § 5º deste artigo;

....

§ 5º Nas hipóteses de grave violação de direitos humanos, o Procurador-Geral da República, com a finalidade de assegurar o cumprimento de obrigações decorrentes de tratados internacionais de direitos humanos dos quais o Brasil seja parte, poderá suscitar, perante o Superior Tribunal de Justiça, em qualquer fase do inquérito ou processo, incidente de deslocamento de competência para a Justiça Federal." (NR)

"Art. 111. ....

....

§ 1º (Revogado).

§ 2º (Revogado).

§ 3º (Revogado)." (NR)

"**Art. 112.** A lei criará varas da Justiça do Trabalho, podendo, nas comarcas não abrangidas por sua jurisdição, atribuí-la aos juízes de direito, com recurso para o respectivo Tribunal Regional do Trabalho." (NR)

"**Art. 114.** Compete à Justiça do Trabalho processar e julgar:

I-as ações oriundas da relação de trabalho, abrangidos os entes de direito público externo e da administração pública direta e indireta da União, dos Estados, do Distrito Federal e dos Municípios;

II-as ações que envolvam exercício do direito de greve;

III-as ações sobre representação sindical, entre sindicatos, entre sindicatos e trabalhadores, e entre sindicatos e empregadores;

IV-os mandados de segurança, habeas corpus e habeas data, quando o ato questionado envolver matéria sujeita à sua jurisdição;

V-os conflitos de competência entre órgãos com jurisdição trabalhista, ressalvado o disposto no art. 102, I, o;

VI-as ações de indenização por dano moral ou patrimonial, decorrentes da relação de trabalho;

VII-as ações relativas às penalidades administrativas impostas aos empregadores pelos órgãos de fiscalização das relações de trabalho;

VIII-a execução, de ofício, das contribuições sociais previstas no art. 195, I, a, e II, e seus acréscimos legais, decorrentes das sentenças que proferir;

IX-outras controvérsias decorrentes da relação de trabalho, na forma da lei.

§ 1º ....

§ 2º Recusando-se qualquer das partes à negociação coletiva ou à arbitragem, é facultado às mesmas, de comum acordo, ajuizar dissídio coletivo de natureza econômica, podendo a Justiça do T rabalho decidir o conflito, respeitadas as disposições mínimas legais de proteção ao trabalho, bem como as convencionadas anteriormente.

§ 3º Em caso de greve em atividade essencial, com possibilidade de lesão do interesse público, o Ministério Público do Trabalho poderá ajuizar dissídio coletivo, competindo à Justiça do Trabalho decidir o conflito." (NR)

"**Art. 115.** Os Tribunais Regionais do Trabalho compõem-se de, no mínimo, sete juízes, recrutados, quando possível, na respectiva região, e nomeados pelo Presidente da República dentre brasileiros com mais de trinta e menos de sessenta e cinco anos, sendo:

I-um quinto dentre advogados com mais de dez anos de efetiva atividade profissional e membros do Ministério Público do Trabalho com mais de dez anos de efetivo exercício, observado o disposto no art. 94;

II-os demais, mediante promoção de juízes do trabalho por antigüidade e merecimento, alternadamente.

§ 1° Os Tribunais Regionais do Trabalho instalarão a justiça itinerante, com a realização de audiências e demais funções de atividade jurisdicional, nos limites territoriais da respectiva jurisdição, servindo-se de equipamentos públicos e comunitários.

§ 2° Os Tribunais Regionais do Trabalho poderão funcionar descentralizadamente, constituindo Câmaras regionais, a fim de assegurar o pleno acesso do jurisdicionado à justiça em todas as fases do processo." (NR)

"Art. 125. ....

....

§ 3° A lei estadual poderá criar, mediante proposta do Tribunal de Justiça, a Justiça Militar estadual, constituída, em primeiro grau, pelos juízes de direito e pelos Conselhos de Justiça e, em segundo grau, pelo próprio Tribunal de Justiça, ou por Tribunal de Justiça Militar nos Estados em que o efetivo militar seja superior a vinte mil integrantes.

§ 4º Compete à Justiça Militar estadual processar e julgar os militares dos Estados, nos crimes militares definidos em lei e as ações judiciais contra atos disciplinares militares, ressalvada a competência do júri quando a vítima for civil, cabendo ao tribunal competente decidir sobre a perda do posto e da patente dos oficiais e da graduação das praças.

§ 5º Compete aos juízes de direito do juízo militar processar e julgar, singularmente, os crimes militares cometidos contra civis e as ações judiciais contra atos disciplinares militares, cabendo ao Conselho de Justiça, sob a presidência de juiz de direito, processar e julgar os demais crimes militares.

§ 6º O Tribunal de Justiça poderá funcionar descentralizadamente, constituindo Câmaras regionais, a fim de assegurar o pleno acesso do jurisdicionado à justiça em todas as fases do processo.

§ 7º O Tribunal de Justiça instalará a justiça itinerante, com a realização de audiências e demais funções da atividade jurisdicional, nos limites territoriais da respectiva jurisdição, servindo-se de equipamentos públicos e comunitários." (NR)

"**Art. 126.** Para dirimir conflitos fundiários, o Tribunal de Justiça proporá a criação de varas especializadas, com competência exclusiva para questões agrárias.

...." (NR)

"**Art. 127.** ....

....

§ 4º Se o Ministério Público não encaminhar a respectiva proposta orçamentária dentro do prazo estabelecido na lei de diretrizes orçamentárias, o Poder Executivo considerará, para fins de consolidação da proposta orçamentária anual, os valores aprovados na lei orçamentária vigente, ajustados de acordo com os limites estipulados na forma do § 3º.

§ 5º Se a proposta orçamentária de que trata este artigo for encaminhada em desacordo com os limites estipulados na forma do § 3º, o Poder Executivo procederá aos ajustes necessários para fins de consolidação da proposta orçamentária anual.

§ 6º Durante a execução orçamentária do exercício, não poderá haver a realização de despesas ou a assunção de obrigações que extrapolem os limites estabelecidos na lei de diretrizes orçamentárias, exceto se previamente autorizadas, mediante a abertura de créditos suplementares ou especiais." (NR)

"Art. 128. ....

....

§ 5º ....

I —...

....

b) inamovibilidade, salvo por motivo de interesse público, mediante decisão do órgão colegiado competente do Ministério Público, pelo voto da maioria absoluta de seus membros, assegurada ampla defesa;

....

II —...

....

e) exercer atividade político-partidária;

f) receber, a qualquer título ou pretexto, auxílios ou contribuições de pessoas físicas, entidades públicas ou privadas, ressalvadas as exceções previstas em lei.

§ 6º Aplica-se aos membros do Ministério Público o disposto no art. 95, parágrafo único, V." (NR)

"Art. 129. ....

....

§ 2º As funções do Ministério Público só podem ser exercidas por integrantes da carreira, que deverão residir na comarca da respectiva lotação, salvo autorização do chefe da instituição.

§ 3º O ingresso na carreira do Ministério Público far-se-á mediante concurso público de provas e títulos, assegurada a participação da Ordem dos Advogados do Brasil em sua realização, exigindo-se do bacharel em direito, no mínimo, três anos de atividade jurídica e observando-se, nas nomeações, a ordem de classificação.

§ 4º Aplica-se ao Ministério Público, no que couber, o disposto no art. 93.

§ 5º A distribuição de processos no Ministério Público será imediata." (NR)

"Art. 134. ....

§ 1º (antigo parágrafo único) ....

§ 2º Às Defensorias Públicas Estaduais são asseguradas autonomia funcional e administrativa e a iniciativa de sua proposta orçamentária dentro dos limites estabelecidos na lei de diretrizes orçamentárias e subordinação ao disposto no art. 99, § 2º." (NR)

"**Art. 168.** Os recursos correspondentes às dotações orçamentárias, compreendidos os créditos suplementares e especiais, destinados aos órgãos dos Poderes Legislativo e Judiciário, do Ministério Público e da Defensoria Pública, ser-lhes-ão entregues até o dia 20 de cada mês, em duodécimos, na forma da lei complementar a que se refere o art. 165, § 9º." (NR)

Art. 2º A Constituição Federal passa a vigorar acrescida dos seguintes arts. 103-A, 103-B, 111-A e 130-A:

"**Art. 103-A**. O Supremo Tribunal Federal poderá, de ofício ou por provocação, mediante decisão de dois terços dos seus membros, após reiteradas decisões sobre matéria constitucional, aprovar súmula que, a partir de sua publicação na imprensa oficial, terá efeito vinculante em relação aos demais órgãos do Poder Judiciário e à administração pública direta e indireta, nas esferas federal, estadual e municipal, bem como proceder à sua revisão ou cancelamento, na forma estabelecida em lei.

§ 1º A súmula terá por objetivo a validade, a interpretação e a eficácia de normas determinadas, acerca das quais haja controvérsia atual entre órgãos judiciários ou entre esses e a administração pública que acarrete grave insegurança jurídica e relevante multiplicação de processos sobre questão idêntica.

§ 2º Sem prejuízo do que vier a ser estabelecido em lei, a aprovação, revisão ou cancelamento de súmula poderá ser provocada por aqueles que podem propor a ação direta de inconstitucionalidade.

§ 3º Do ato administrativo ou decisão judicial que contrariar a súmula aplicável ou que indevidamente a aplicar, caberá reclamação ao Supremo Tribunal Federal que, julgando-a procedente, anulará o ato administrativo ou cassará a decisão judicial reclamada, e determinará que outra seja proferida com ou sem a aplicação da súmula, conforme o caso."

"**Art. 103-B**. O Conselho Nacional de Justiça compõe-se de quinze membros com mais de trinta e cinco e menos de sessenta e seis anos de idade, com mandato de dois anos, admitida uma recondução, sendo:

I-um Ministro do Supremo Tribunal Federal, indicado pelo respectivo tribunal;

II-um Ministro do Superior Tribunal de Justiça, indicado pelo respectivo tribunal;

III-um Ministro do Tribunal Superior do Trabalho, indicado pelo respectivo tribunal;

IV-um desembargador de Tribunal de Justiça, indicado pelo Supremo Tribunal Federal;

V-um juiz estadual, indicado pelo Supremo Tribunal Federal;

VI-um juiz de Tribunal Regional Federal, indicado pelo Superior Tribunal de Justiça;

VII-um juiz federal, indicado pelo Superior Tribunal de Justiça;

VIII-um juiz de Tribunal Regional do Trabalho, indicado pelo Tribunal Superior do Trabalho;

IX-um juiz do trabalho, indicado pelo Tribunal Superior do Trabalho;

X-um membro do Ministério Público da União, indicado pelo Procurador-Geral da República;

XI-um membro do Ministério Público estadual, escolhido pelo Procurador-Geral da República dentre os nomes indicados pelo órgão competente de cada instituição estadual;

XII-dois advogados, indicados pelo Conselho Federal da Ordem dos Advogados do Brasil;

XIII-dois cidadãos, de notável saber jurídico e reputação ilibada, indicados um pela Câmara dos Deputados e outro pelo Senado Federal.

§ 1º O Conselho será presidido pelo Ministro do Supremo Tribunal Federal, que votará em caso de empate, ficando excluído da distribuição de processos naquele tribunal.

§ 2º Os membros do Conselho serão nomeados pelo Presidente da República, depois de aprovada a escolha pela maioria absoluta do Senado Federal.

§ 3º Não efetuadas, no prazo legal, as indicações previstas neste artigo, caberá a escolha ao Supremo Tribunal Federal.

§ 4º Compete ao Conselho o controle da atuação administrativa e financeira do Poder Judiciário e do cumprimento dos deveres funcionais dos juízes, cabendo-lhe, além de outras atribuições que lhe forem conferidas pelo Estatuto da Magistratura:

I-zelar pela autonomia do Poder Judiciário e pelo cumprimento do Estatuto da Magistratura, podendo expedir atos regulamentares, no âmbito de sua competência, ou recomendar providências;

II-zelar pela observância do art. 37 e apreciar, de ofício ou mediante provocação, a legalidade dos atos administrativos praticados por membros ou órgãos do Poder Judiciário, podendo desconstituí-los, revê-los ou fixar prazo para que se adotem as providências necessárias ao exato cumprimento da lei, sem prejuízo da competência do Tribunal de Contas da União;

III-receber e conhecer das reclamações contra membros ou órgãos do Poder Judiciário, inclusive contra seus serviços auxiliares, serventias e órgãos prestadores de serviços notariais e de registro que atuem por delegação do poder público ou oficializados, sem prejuízo da competência disciplinar e correicional dos tribunais, podendo avocar processos disciplinares em curso e determinar a remoção, a disponibilidade ou a aposentadoria com subsídios ou proventos proporcionais ao tempo de serviço e aplicar outras sanções administrativas, assegurada ampla defesa;

IV-representar ao Ministério Público, no caso de crime contra a administração pública ou de abuso de autoridade;

V-rever, de ofício ou mediante provocação, os processos disciplinares de juízes e membros de tribunais julgados há menos de um ano;

VI-elaborar semestralmente relatório estatístico sobre processos e sentenças prolatadas, por unidade da Federação, nos diferentes órgãos do Poder Judiciário;

VII-elaborar relatório anual, propondo as providências que julgar necessárias, sobre a situação do Poder Judiciário no País e as atividades do Conselho, o qual deve integrar mensagem do Presidente do Supremo Tribunal Federal a ser remetida ao Congresso Nacional, por ocasião da abertura da sessão legislativa.

§ 5º O Ministro do Superior Tribunal de Justiça exercerá a função de Ministro-Corregedor e ficará excluído da distribuição de processos no Tribunal, competindolhe, além das atribuições que lhe forem conferidas pelo Estatuto da Magistratura, as seguintes:

I-receber as reclamações e denúncias, de qualquer interessado, relativas aos magistrados e aos serviços judiciários;

II-exercer funções executivas do Conselho, de inspeção e de correição geral;

III-requisitar e designar magistrados, delegando-lhes atribuições, e requisitar servidores de juízos ou tribunais, inclusive nos Estados, Distrito Federal e Territórios.

§ 6º Junto ao Conselho oficiarão o Procurador-Geral da República e o Presidente do Conselho Federal da Ordem dos Advogados do Brasil.

§ 7º A União, inclusive no Distrito Federal e nos Territórios, criará ouvidorias de justiça, competentes para receber reclamações e denúncias de qualquer interessado contra membros ou órgãos do Poder Judiciário, ou contra seus serviços auxiliares, representando diretamente ao Conselho Nacional de Justiça."

"**Art. 111-A**. O Tribunal Superior do Trabalho compor-se-á de vinte e sete Ministros, escolhidos dentre brasileiros com mais de trinta e cinco e menos de sessenta e cinco anos, nomeados pelo Presidente da República após aprovação pela maioria absoluta do Senado Federal, sendo:

I-um quinto dentre advogados com mais de dez anos de efetiva atividade profissional e membros do Ministério Público do Trabalho com mais de dez anos de efetivo exercício, observado o disposto no art. 94;

II-os demais dentre juízes dos Tribunais Regionais do Trabalho, oriundos da magistratura da carreira, indicados pelo próprio Tribunal Superior.

§ 1º A lei disporá sobre a competência do Tribunal Superior do Trabalho.

§ 2º Funcionarão junto ao Tribunal Superior do Trabalho:

I-a Escola Nacional de Formação e Aperfeiçoamento de Magistrados do Trabalho, cabendo-lhe, dentre outras funções, regulamentar os cursos oficiais para o ingresso e promoção na carreira;

II-o Conselho Superior da Justiça do Trabalho, cabendo-lhe exercer, na forma da lei, a supervisão administrativa, orçamentária, financeira e patrimonial da Justiça do Trabalho de primeiro e segundo graus, como órgão central do sistema, cujas decisões terão efeito vinculante."

"**Art. 130-A**. O Conselho Nacional do Ministério Público compõe-se de quatorze membros nomeados pelo Presidente da República, depois de aprovada a escolha pela maioria absoluta do Senado Federal, para um mandato de dois anos, admitida uma recondução, sendo:

I-o Procurador-Geral da República, que o preside;

II-quatro membros do Ministério Público da União, assegurada a representação de cada uma de suas carreiras;

III-três membros do Ministério Público dos Estados;

IV-dois juízes, indicados um pelo Supremo Tribunal Federal e outro pelo Superior Tribunal de Justiça;

V-dois advogados, indicados pelo Conselho Federal da Ordem dos Advogados do Brasil;

VI-dois cidadãos de notável saber jurídico e reputação ilibada, indicados um pela Câmara dos Deputados e outro pelo Senado Federal.

§ 1° Os membros do Conselho oriundos do Ministério Público serão indicados pelos respectivos Ministérios Públicos, na forma da lei.

§ 2° Compete ao Conselho Nacional do Ministério Público o controle da atuação administrativa e financeira do Ministério Público e do cumprimento dos deveres funcionais de seus membros, cabendolhe:

I-zelar pela autonomia funcional e administrativa do Ministério Público, podendo expedir atos regulamentares, no âmbito de sua competência, ou recomendar providências;

II-zelar pela observância do art. 37 e apreciar, de ofício ou mediante provocação, a legalidade dos atos administrativos praticados por membros ou órgãos do Ministério Público da União e dos Estados, podendo desconstituí-los, revê-los ou fixar prazo para que se adotem as providências necessárias ao exato cumprimento da lei, sem prejuízo da competência dos Tribunais de Contas;

III-receber e conhecer das reclamações contra membros ou órgãos do Ministério Público da União ou dos Estados, inclusive contra seus serviços auxiliares, sem prejuízo da competência disciplinar e correicional da instituição, podendo avocar processos disciplinares em curso, determinar a remoção, a disponibilidade ou a aposentadoria com subsídios ou proventos proporcionais ao tempo de serviço e aplicar outras sanções administrativas, assegurada ampla defesa;

IV-rever, de ofício ou mediante provocação, os processos disciplinares de membros do Ministério Público da União ou dos Estados julgados há menos de um ano;

V-elaborar relatório anual, propondo as providências que julgar necessárias sobre a situação do Ministério Público no País e as atividades do Conselho, o qual deve integrar a mensagem prevista no art. 84, XI.

§ 3º O Conselho escolherá, em votação secreta, um Corregedor nacional, dentre os membros do Ministério Público que o integram, vedada a recondução, competindo-lhe, além das atribuições que lhe forem conferidas pela lei, as seguintes:

I-receber reclamações e denúncias, de qualquer interessado, relativas aos membros do Ministério Público e dos seus serviços auxiliares;

II-exercer funções executivas do Conselho, de inspeção e correição geral;

III-requisitar e designar membros do Ministério Público, delegando-lhes atribuições, e requisitar servidores de órgãos do Ministério Público.

§ 4º O Presidente do Conselho Federal da Ordem dos Advogados do Brasil oficiará junto ao Conselho.

§ 5º Leis da União e dos Estados criarão ouvidorias do Ministério Público, competentes para receber reclamações e denúncias de qualquer interessado contra membros ou órgãos do Ministério Público, inclusive contra seus serviços auxiliares, representando diretamente ao Conselho Nacional do Ministério Público."

Art. 3º A lei criará o Fundo de Garantia das Execuções Trabalhistas, integrado pelas multas decorrentes de condenações trabalhistas e administrativas oriundas da fiscalização do trabalho, além de outras receitas.

Art. 4º Ficam extintos os tribunais de Alçada, onde houver, passando os seus membros a integrar os Tribunais de Justiça dos respectivos Estados, respeitadas a antigüidade e classe de origem.

Parágrafo único. No prazo de cento e oitenta dias, contado da promulgação desta Emenda, os Tribunais de Justiça, por ato administrativo, promoverão a integração dos membros dos tribunais extintos em seus quadros, fixando-lhes a competência e remetendo, em igual prazo, ao Poder Legislativo, proposta de alteração da organização e da divisão judiciária correspondentes, assegurados os direitos dos inativos e pensionistas e o aproveitamento dos servidores no Poder Judiciário estadual.

Art. 5º O Conselho Nacional de Justiça e o Conselho Nacional do Ministério Público serão instalados no prazo de cento e oitenta dias a contar da promulgação desta Emenda, devendo a indicação ou escolha de seus membros ser efetuada até trinta dias antes do termo final.

§ 1º Não efetuadas as indicações e escolha dos nomes para os Conselhos Nacional de Justiça e do Ministério Público dentro do prazo fixado no caput deste artigo, caberá, respectivamente, ao Supremo Tribunal Federal e ao Ministério Público da União realizá-las.

§ 2º Até que entre em vigor o Estatuto da Magistratura, o Conselho Nacional de Justiça, mediante resolução, disciplinará seu funcionamento e definirá as atribuições do Ministro-Corregedor.

Art. 6º O Conselho Superior da Justiça do Trabalho será instalado no prazo de cento e oitenta dias, cabendo ao Tribunal Superior do Trabalho regulamentar seu funcionamento por resolução, enquanto não promulgada a lei a que se refere o art. 111-A, § 2º, II.

Art. 7º O Congresso Nacional instalará, imediatamente após a promulgação desta Emenda Constitucional, comissão especial mista, destinada a elaborar, em cento e oitenta dias, os projetos de lei necessários à regulamentação da matéria nela tratada, bem como promover alterações na legislação federal objetivando tornar mais amplo o acesso à Justiça e mais célere a prestação jurisdicional.

Art. 8º As atuais súmulas do Supremo Tribunal Federal somente produzirão efeito vinculante após sua confirmação por dois terços de seus integrantes e publicação na imprensa oficial.

Art. 9º São revogados o inciso IV do art. 36; a alínea h do inciso I do art. 102; o § 4º do art. 103; e os §§ 1º a 3º do art. 111.

Art. 10. Esta Emenda Constitucional entra em vigor na data de sua publicação.

Brasília, em 30 de dezembro de 2004

Mesa da Câmara dos Deputados

Deputado João Paulo Cunha, Presidente; Deputado Inocêncio de Oliveira, 1º Vice-Presidente; Deputado Luiz Piauhylino, 2º Vice-Presidente; Deputado Geddel Vieira Lima, 1º Secretário; Deputado Severino Cavalcanti, 2º Secretário; Deputado Nilton Capixaba, 3º Secretário; Deputado Ciro Nogueira, 4º Secretário

Mesa do Senado Federal

Senador José Sarney, Presidente; Senador Paulo Paim, 1º Vice-Presidente; Senador Eduardo Siqueira Campos, 2º Vice-Presidente; Senador Romeu Tuma, 1º Secretário; Senador Alberto Silva, 2º Secretário; Senador Heráclito Fortes, 3º Secretário; Senador Sérgio Zambiasi, 4º Secretário

Impresso em offset nas oficinas da
FOLHA CARIOCA EDITORA LTDA.
Rua João Cardoso, 23 – Rio de Janeiro-RJ
CEP 20220-060 – Tel.: **2253-2073** - Fax.: **2233-5306**